半坛晶华

历事悟语

张作理 著

人民东方出版传媒
People's Oriental Publishing & Media

东方出版社
The Oriental Press

图书在版编目（CIP）数据

半坛晶华：历事悟语 / 张作理著. -- 北京：东方
出版社，2025.3. -- ISBN 978-7-5207-4400-3

Ⅰ. B821-49

中国国家版本馆CIP数据核字第20255WH988号

半坛晶华：历事悟语
BANTAN JINGHUA: LISHI WUYU

作　　者：张作理
策划编辑：姚　恋
责任编辑：刘之南
出　　版：东方出版社
发　　行：人民东方出版传媒有限公司
地　　址：北京市东城区朝阳门内大街 166 号
邮政编码：100010
印　　刷：鸿博昊天科技有限公司
版　　次：2025 年 3 月第 1 版
印　　次：2025 年 3 月北京第 1 次印刷
开　　本：660 毫米 ×960 毫米　1/16
印　　张：22.75
字　　数：303 千字
书　　号：ISBN 978-7-5207-4400-3
定　　价：45.00 元
发行电话：（010）85924663　85924644　85924641

序言

　　思维纺车慢悠悠，

　　细纺人生苦乐愁。

　　纺出阅历七彩线，

　　聊佐新人织锦绣。

　　《历事悟道三千句》经过八次修订、十三次印刷，被读者誉为"滋补思想的中药铺""让人一夜看到天亮的书"，被多所大学图书馆收藏。该版定名为《半坛晶华：历事悟语》，增加了一些感悟，期待与读者产生思维的交织和共鸣。

张作理

2024 年 10 月

《思想是开山斧》序言

张作理同志是一位从农村、从工厂、从大学、从基层走出来的干部。

人的一生，阅历丰富是难得的财富。阅历与思考结合起来，就容易积累智慧。

《思想是开山斧》中的很多观点是科学的，符合辩证唯物主义和历史唯物主义，读一读很有益。个别的观点还需要商榷，还需要时间和实践进一步检验。

百花齐放、百家争鸣是我们党一贯的优良传统。这个小册子，有资格成为百花中的一簇，希望在争鸣中不断完美。

时任中共宁夏回族自治区党委书记

陈建国

2008 年 1 月

《思想是开山斧》修订版序言

　　《思想是开山斧》一书从内容到体例都有独到之处，思想性很强，且便于阅读，特别是有助于给读者更多的思考、论证空间，甚至有举一反三的收获。作理同志在工作中的创新精神与其思想基础、理论基础和实践阅历密切相关。各级干部在学习和实践中勤于思考，把感性认识及时提升到理性认识是一种很好的习惯。孔子讲"学而不思则罔，思而不学则殆"，我们也可以再补一句，"行而不思则浮沌"，所以勤于思考、勤于积累思想观点，于事业有利、于他人有利、于己有利。书中的大多数观点很精练，有警句之功效，有少数观点尚需切磋，有的表达形式还可以再精练，但我相信这本书是有生命力的，因为一切思想性的东西可以跨越时空。

时任宁夏回族自治区人民政府主席

王正伟

2009 年 6 月

解放思想与行动自由互为前提

——序张作理《一句话的感与悟》

张作理同志当过农民、民办教师、农民工、车工、会计、经理、镇长、副县长、县委副书记、县委书记、地级市副市长、常务副市长、市长、全国人大代表……一步一步都不容易，一步步又都使他的哲学、政治经济学，乃至心理学思维不断拓展与升华，新的思想又让他为老百姓干好事有了更大的自由。他重视学习科学发展观，认为"价值观是理性行为的灯塔"。生命在于运动还是在于宁静，人们不知争论了多久。作理说："生命在于平衡。"这可能是他对中央关于要求要平稳较快发展的一种理解。

执政为民，就要加快民主法治建设。作理提出"民主的首要问题是权力来源问题"，"人身依附关系越淡化，社会越进步"。一语中的。

他鼓励人们不怕艰险，勇于改革，说"好的都是难的"，"要防止用实事求是的观念掩盖落后"，提倡"体验困苦，巩固善良"。

他主张激情与智慧有机结合，说"情商是生产关系，智商是生产力"，"中庸即适度"，但"静态的中庸是不存在的"。

他认为，做人和当官，应大公无私，"要做被骂的人，不做骂人的人"，"做事要猛，对人要慈"，不搞小圈子，不小心眼儿，要善于和敢于当机立断，"当十分有把握时，就已经失去机遇"……

事物都是辩证统一的。如中国走和平发展道路，又通过自己的发展更有力地维护和平。又如，我理解，自由是做法律所允许做的事情的权利,创新是做科学所允许做的事情的自由。

可见,有权不为不行,有自由不科学也不行。以史为鉴,包括以自己的阅历为鉴,国家和社会、集体和个人都一样,是为了现在和未来。从我国国情看,我们付出了历史性的代价才懂得了发展是硬道理、实践是检验真理的过程和标准、应以现代化建设为中心和谐发展等最简朴的理念,这些理念会科学地指导、规范我们的工作……

读一读这本文字短、新意多的书,有助于在劳作和思考中享有更大自由,从而可能给群众创造更多实惠。书中某些结论会引发辩争,这是本书值得一读的另一个理由:事理越辩越明,用行动和实效去验证则更好。

自强不息的要素是:思想不止,行动不止,思想与行动良性互动。

外交部原部长

十一届全国人大常委会委员,十一届全国人大外事委员会主任委员

李肇星

2010 年 10 月 1 日

《一句话感悟》序言

《一句话感悟》在 2008 年 7 月《思想是开山斧》、2009 年 8 月《思想是开山斧》增订版、2011 年 2 月《一句话的感与悟》的基础上，对目录、内容做了较大调整，有删减、修正和补充。书的所有内容来自我的《思想火花手记》和公开发表的文稿及各种会议、讲座上的讲稿，均为自己所感所悟。该版修订完成于法国的巴黎、第戎、里昂，德国的柏林、布莱梅，意大利的那不勒斯、罗马。

我的思维纺车已形成了惯性，我坚信将会纺出更满意的丝线。我崇尚并践行百家争鸣，请读者斧正。

张作理

2012 年 4 月

《一句话感悟》修订版序言

　　该版《一句话感悟》，已历经五次修订，略有增删。有不少奇谈怪论，期待批评与争鸣。本版修订稿完成于西班牙巴塞罗那、马德里和芬兰赫尔辛基、库萨莫。

张作理

2014 年 2 月

《历事悟道三千句》卷首语

　　《历事悟道三千句》作者张作理博士，在政府、企业担任主要领导三十余年，在思中干，在干中悟，形成了一些独特的观点，涵盖人生、事业、政治、经济、文化、社会、自然等领域，一句话一个观点，独创己风。曾有两位国家领导人和两位正部长为其作序，外交部原部长李肇星力荐此书。已经连续出版六次，被读者称为"滋补思想的中药铺"。细品之很受益。

新华社宁夏分社时任社长　孙　波

国家行政学院出版社原社长　陈炎兵

2017 年 1 月

《历事悟道三千句》序言

　　我的"滋补思想的中药铺"第六次"修缮"后又开张了，更名为《历事悟道三千句》。与前几版《思想是开山斧》《一句话感悟》的内容基本一致，但更名后的这版，对"货架"做了变更，"药材"内容也予以去粗取精，更重要的是又添了一些新"药"。

　　愿这个我亲自种、亲自采、亲自炮制，以身试"药"，亲自体验的"滋补思想的中药铺"，能为青年读者的人生、事业"养生保健"，尽微薄之力。

张作理

2017 年 2 月于宁夏

《历事悟道三千句》再版序言

拙作《历事悟道三千句》被读者誉为"滋补思想的中药铺"，将第七次重版。由原来的十一部分，增加到十二部分，新增内容200余句，都属于世界观、方法论范畴。其中，有一些内容在出版2008年版本时被删除，十年后的今天再读2008年版本，感到被删除的这些内容虽然表述不够精练，但有些观点仍有价值，于是又拾了回来，并进一步做了提炼。承蒙读者和相关机构的厚爱，该书已经由"微信读书"和一些大学图书馆、省图书馆上架和收藏，在此一并感谢！原计划付梓的《史斋采金》《执政郡县》《诗载心翔》《敬上远上的从政路》，其主要观点将逐步集于该书，不再另行出版。

张作理

2019年4月

《历事悟道三千句》修订序言

里程

一九八〇，

我走出村庄。

成为稀有的大学生，

开启了黄金里程。

师德师慧，

激活了木讷的我，

满心浪漫与憧憬。

一九八四，

步入政界。

浑身是胆，

东犁西耕。

风风雨雨，

周游了一番，

乡县市省。

二〇一五，

转身央企。

领十万精兵，

与商者同行。

前行，前行，

还是不改，

那般淳朴的德行！

《历事悟道三千句》第八次修订，增加了《诗载心翔》。

张作理

2021 年 5 月

目录

I

官德是官员乘风破浪的压舱石 223

J

服务是现代政府的主题 237

K

法律、制度、文化、风俗是社会的红绿灯 265

历史已经进入人的
品牌时代

A

一、
职业品牌是人生成长的加速器

● 命运很难用肉眼看清，人人都是命运盲人。

2017 年 9 月谈命运是多元方程式，自主的变量很少

● 道德和能力是人生可靠的运盲杖。

2017 年 9 月谈命运是多元方程式，唯有道德、能力是自主变量

● 良好的形象可以吸纳更多的社会资源。

2017 年 9 月谈职业品牌

● 人生最大的外在价值是职业价值。

2017 年 9 月谈职业价值是最亮的光环

● 坚定的职业理想一般始于认同，臻于使命。

2020 年 5 月谈事业是人生的杠杆

● 追求事业比追求财富更有远见。

2020 年 5 月谈事业是人生的杠杆

● 职业品牌是理想、道德、能力的合金。

2020 年 5 月谈事业是人生的杠杆

● 时间自由、空间自由是人生最高的追求。

2009 年 12 月谈自由的价值

● 是雄鸡就要报晓。

1984 年 5 月于山东师范大学中文系毕业前的思考

● 唯有功业储时光。

2013 年 9 月参加宁夏全区观摩会有感

- 建功立业是最好的感恩。
  2017 年 4 月于宁夏谈建功立业才能多向感恩

- 事业是人生的火车头。
  1999 年秋在山东大学读博时谈事业对人生的价值

- 经营好自己才能经营好事业。
  2011 年 6 月于石嘴山市谈事业

- 好感是成功的先兆。
  1988 年 10 月在中共山东省委党校学习时谈一见钟情才有可能深情

- 塑自己、塑平台、塑产品是职业品牌自塑的三基石。
  2016 年 12 月为青年干部班授课

- 职业顺畅需要性格开朗，人际和谐，业务精强。
  2003 年冬于广饶县谈干部素质

- 有形财富易失，无形资产长存。
  1997 年冬谈无形资产比有形财富更重要、更持久

- 无形资产是靠有形价值积淀的产物。
  1996 年秋为河北中捷集团培训

- 可靠才能被信任。
  2017 年 6 月谈可靠是品德和能力的统一

- 信誉和货币都是交换媒介。
  2006 年冬谈信誉可以置换社会资源

- 少无功德，老无底气。
  1998 年夏在山东大学读博时为鲁花集团培训

- 优秀员工一定是无形资产大于有形资产。
  1988 年春在中共山东省委党校学习时为企业培训

- 形象如瓷瓶，一锤即变零。

  2010 年 5 月谈好事多因，坏事一锤

- 反其道而行可解除他人刻板印象或摘掉他人有色眼镜。

  1984 年夏谈新大学生要实干、苦干、能干

- 多做形象加法，少做形象减法。

  2010 年秋在国家行政学院学习时谈人生要正向积累

- 干得出色就没有平凡的职业。

  2017 年 4 月谈建功立业才能多向感恩

二、
大千世界，机遇不会主动地向你走来

- 三皇五帝因功德而被尊。

  2011 年 10 月谈自古以来有作为才有地位

- 人人都是人生路上的"命运盲人"。

  2005 年 5 月谈道德和能力是人生最可靠的左右盲杖

- 行动才能接近目标。

  2019 年 2 月谈一切付出都是收获

- 行动中产生的智慧最切实最可靠。

  2023 年 2 月谈反馈是完美的向导

- 审慎行动优于周密思考。

  2019 年 2 月谈审慎行动，既不失良机又不至于冒进

- 失去一个机遇就丧失一个发展周期。

1996 年秋在山东大学读博时谈赢得一个机遇就会顺利一个周期

- 一失不复的机遇不可犹豫。
  1998 年秋谈果断、勇敢是成功的第一关

- 对既得的东西过于留恋是失去机遇的根源。
  2006 年秋谈留恋既得利益是人生前行之锁

- 人人都有一个消极的我与积极的我在博弈。
  2013 年 6 月谈放弃争取等于放弃了成功

- 人经历的第一次越多其价值越大。
  2006 年秋在干部会上谈阅历酿造价值

- 脑子、胆子、银子是支撑事业的三要件。
  2019 年 10 月谈事业需要智、胆、财的合力

- 好苗子容易赢得好水肥。
  2006 年春谈干部

- 多一分能量，则多一分自由。
  2003 年秋谈人的成长

- 业务精强可耐风雨无常。
  2017 年 10 月谈人才成长

- 礼邻敬上可赢得社会生态滋养。
  2017 年 10 月谈人才成长

- 能力是冲破人身依附关系的基本条件。
  1997 年秋谈人要自立

- 心、脑、行，缺一事难成。
  2017 年 5 月谈成事需要激情、科学、行动三级递进

- 干事业需要将军胆略、菩萨心肠、工匠作风。

2017 年 5 月谈单一因素成不了大事

- 远走高飞才有更多机会。
  2005 年 6 月谈在迁徙中赢得机遇胜于守株待兔

- 迁徙可以创造新机遇。
  2005 年 7 月谈飞鸟善迁徙而空间无限

- 人生没有永久的阵地战。
  2007 年 8 月谈环境越复杂越需要游击战

- 场域大则机遇多。
  1998 年秋谈环境与机遇

- 职业环境优劣是事业成败的重要因素。
  2001 年秋在中共山东省委党校学习时谈环境决定价值

- 城中乞丐讨钱，村中乞丐讨饭。
  2001 年秋在中共山东省委党校学习时谈环境决定价值

- 政治、经济、区位及机构层级影响人生。
  2001 年秋在中共山东省委党校学习时谈环境决定价值

- 经济自主是自由的基础。
  2013 年 6 月谈经济自由与真实自由成正比

- 自由既是人生目标又是事业条件。
  2004 年夏谈自由的价值

- 自由需要代价。
  2004 年夏谈付出才能获得

- 往者不可追，来者方可期。
  2020 年 6 月谈心力不衰，地青天蓝

三、
自主因素是人生最可靠的基、础、柱

- 时间、良心、努力、素质是人生自主的变量。

  2023 年 3 月谈把握自控因素，人生才能自主

- 时间是很灵的，你怎样对待它，它怎样回馈你。

  2024 年 5 月在宁夏民营经济发展促进会为企业讲课

- 把自己托付给别人的人终将悲哀。

  1984 年春在山东师范大学读本科时所悟

- 处家不知钱重，出门方晓钱贵。

  1984 年春在山东师范大学读本科时所悟

- 文化修养、思想独立、敢于担当、财务自由是成为君子的四大硬件。

  1984 年春在山东师范大学读本科时所悟

- 舒适之日即精神、能力退化之时。

  2009 年 11 月谈迎接挑战才能产生精神和能力

- 谦善做人，勤俭治业。

  2017 年 7 月谈做人做事

- 法律是专业的猫，犯罪是业余的鼠。

  2007 年 10 月谈违法违纪随时都可能鼠投猫怀

- 畏惧是自由的前提。

  2009 年 10 月谈辩证法

- 衅者，半血也。

  2017 年 6 月谈汉字学问

- 内靠亲，外靠主，欲做主，先做仆。

  2022 年 5 月谈守法

- 情虽软，力千钧，情不慎，误终身。

  1978 年 3 月谈要冷静地谈恋爱

- 男女乱情必致大凶。

  2011 年 2 月谈官场和婚恋乱象

- 让人敬，贤而智；让人惧，蠢而凶。

  2011 年 2 月谈官德官智

- 平，易察觉；度，难把握。

  2012 年 10 月谈用是否平来判断适度

- 狠话无用且后患无穷。

  2023 年 3 月谈修养

- 自鉴、他鉴都是修养的雕刀。

  1996 年 6 月谈修养

- 修养需要与本能反其道而行。

  2008 年 12 月在中央党校学习时谈人生修养

- 以礼修德、以礼守法是家教之良方。

  2008 年 12 月在中央党校学习时谈人生修养

- 礼是介乎道德与法律之间的文明。

  2008 年 12 月在中央党校学习时谈少年习礼是遵德守法之路标

- 少年学规范，青年学模范。

  2008 年 12 月在中央党校学习时谈人生修养

- 自律则熵减而利生。

  2020 年 3 月谈放任则熵增而无序，无序趋亡

- 人与人的"磁化"是修养的捷径。
  2015 年 12 月谈交友

- 掩饰本能是一种文明。
  2004 年夏谈修养

- 修养和艺术体现于细节。
  2007 年 10 月谈细节、成功与修养

- 生命事业都会变,原因藏在几年前。
  2007 年 10 月创作的歌词《问自己》

- 人生难免多场戏,主角是自己。
  2007 年 10 月创作的歌词《问自己》

- 今天苦明天乐,古今都是这条辙。
  2007 年 11 月创作的歌词《辛苦传薪火》

- 生儿育女是投入产出比最高的政治、经济、社会、家族战略。
  2008 年 7 月谈生育观

- 做小事、细事是秘书和办事员的要事。
  2012 年 4 月谈秘书工作

- 陋习是无形的索,越绕越紧。
  2003 年 3 月谈良好的习惯要从痛苦开始

四、
道德,行得通为道,人心平为德

- 人心平是成事的小环境。

1996 年 10 月谈人心平则人阻少、行事顺、成本低、存续久

- 服务和付出是人与人最牢固的黏合剂。
  2010 年 2 月谈服务和付出

- 人品既是品牌又是盾牌。
  2010 年 2 月谈人品价值

- 可靠是人品的核心。
  2015 年 2 月谈可靠是人品和能力的合璧

- 修养的目的是适应环境，共存共生。
  1996 年 6 月谈修养

- 贤，福禄寿喜之源泉。
  2023 年 11 月与企业家座谈

- 爱和意义是人生的两大根本动力。
  2023 年 11 月与企业家座谈

- 人无法孤生，须谢天谢地谢人。
  2009 年 10 月谈懂得大道理才能明事理

- 付出，道德修养的基础。
  2005 年 4 月谈领导干部形象

- 良心和责任双驱才会不遗余力。
  2007 年秋谈建功立业

- 道德既是价值观又是方法论。
  2008 年 7 月谈认知事物本质才能行动自觉

- 道德的背后是科学。
  2015 年 12 月谈人类的道德规范

- 劳动才能成为心身正常的人。
  2018 年 7 月谈劳动的意义

- 好善忘势，厚义薄利，济人济世，自省自励。
  2019 年谈心正、事遂、人安之道

- 知识、智慧、能力、品格是人升华的四层境界。
  2011 年 2 月谈事业以人格为本

- 谦与和是阳关道。
  2009 年 10 月谈懂得大道理才能明事理

- 谦，爻爻利，事事吉。
  2009 年 6 月谈谦者言行无锋，兼听则明，守正中庸，故吉

- 霸道自爽势难久，王道自苦功却长。
  2005 年 5 月谈工作艺术

- 凌人者仗势欺人，不得人心。
  2005 年 5 月谈善待社会地位低的人，尊重其人格

- 文明的本质是让本能理性。
  2017 年 7 月谈文明

- 分别心是仗势欺人之恶根。
  2008 年 7 月谈善待劳苦大众

- 济事和济人都可以济世。
  2008 年 7 月谈济事平台不常有，济人机会却常在

- 义的辐射半径大于情，外则义，内则情。
  2016 年 10 月谈义与情之功

- 仁和美是道德的最高境界。
  2016 年 10 月谈仁在无需智

- 道德是最高的智慧。
  2016 年 11 月谈道德之功

- 精神是动力，道德是路标。
  1996 年 10 月谈道德与精神互为条件才能有真正价值

- 道德决定着才华施展的时间长度和空间跨度。
  1996 年 10 月谈道德决定才华的时空及价值

- 道德是隐形的卫士。
  2003 年 7 月谈道德与人生

- 道德与能力是人生的左右盲杖。
  1996 年秋在山东大学读博时谈人生

- 在既定生产力下，道德决定着社会文明。
  1992 年冬对科技负功的思考

- 道德沦丧是人的自为天敌。
  2015 年 11 月谈人的天敌

- 聪明肤浅，道德厚重。
  2003 年 7 月谈道德与人生

- 对义与利的偏好是道德的分水岭。
  2013 年 6 月于芬兰学习时谈义为利之帅是中国几千年的义利观

- 义利关系是因果并非矛盾。
  2013 年 6 月于芬兰学习时谈义为利之帅是中国几千年的义利观

- 心正，事遂，人安。
  2018 年 11 月为良知企业管理研究院设计 logo 时所想

- 正则无畏，故邪不压正。
  1990 年 2 月谈人生

- 长期价值主义者皆以向善、行善为路标。

  2020 年 1 月为企业授课

- 人的一切行为，无论善恶，一面给了社会，一面留给了自己。

  2003 年 7 月谈道德与人生

- 良心是长治久安的大本营，对外避险，对内心安。

  2016 年 9 月谈歌曲《良心》的创作动机

- 良心神灵，将心比心良心就来，换位想想良心就生。

  2015 年 7 月所作歌曲《良心》的歌词

- 良心延续良缘。

  1996 年秋在山东大学读博时对处世与做人的思考

- 思利及人是私与善的完美统一。

  2017 年 5 月谈思利及人是客观而完美的人性

- 思利及人是人生、事业、家族、组织长盛之道。

  2017 年 5 月谈思利及人方可生生不息

- 互利才能顺利。

  2017 年 5 月谈思利及人，彼此互生

- 共利取决于强者。

  2011 年 2 月谈势均力敌不可能共利

- 以自我为中心是成事的天堑。

  2017 年 5 月谈思利及人，彼此互生

- 感情账户含金量最高、最持久。

  2009 年 8 月谈交友不能成为交易

- 行为一旦用货币交换就失去了真情。

  2009 年 8 月谈交友不能成为交易

- 感情在循环中增值。
  2003 年 4 月谈人际交往

- 人的品牌可以跨时空整合社会资源。
  2007 年 10 月对历史上成功者的思考

- 美誉度越大，人生空间越大。
  2007 年 11 月赴美学习途中有感

- 施恩图报，功德不高。
  2001 年冬在中共山东省委党校学习时谈道德

- 养儿育女是人生修养不可缺少的过程。
  2008 年 7 月谈能力与修养都需要经历

- 以孝律身则处世用心。
  2008 年 7 月谈孝子身安

- 孝和良心是道德的底线。
  1996 年 10 月谈道德

- 做事可创新，做人须守正。
  2009 年 5 月在党校培训班上讲课

- 善是人之天性，恶是所迫而生。
  2020 年 1 月谈人性

- 以善唤善就可统一绝大多数人的思想。
  2017 年 9 月谈倡善才能酿造文明

- 以爱换爱，爱川流不息；以恶换恶，恶无穷无尽。
  2024 年 4 月看视频，主人公因善待盲人而被他人善待有感

- 予人利益，不予人尊严，仍是道德缺陷。
  2019 年 9 月谈既予利益又予尊严方积恩德

- 本能如水火，非善亦非恶，利物则善，害物则恶。
  2017 年 9 月谈本能

- 建功易，克己难。
  2017 年 9 月谈本能

- 克己是善终之道。
  2017 年 9 月谈克己才能防邪

- 万事一旦上瘾必伤心身。
  2017 年 9 月谈本能

- 人生持续幸福必须基于合乎公理的价值观。
  1990 年 2 月谈人生

- 同为尧舜后，德才致身殊。
  1990 年 2 月谈人生

- 欲图长计，唯德是举。
  1990 年 2 月谈唯有道德才能使功业传世

- 做优一个点就会创造人生支点。
  2024 年 10 月与青年创业者对话

- 远虑是毅力之根。
  2024 年秋与应届大学生对话

- 和之道，发于己，感于人。
  2024 年 10 月谈儒家的和谐之道

- 内求不争是儒家思想的精髓。
  2024 年秋在安详小课堂上的致辞

- 把任务当作战略是事业之大忌。
  2024 年 10 月在企业生命力大会上的演讲

- 一切经营都是交换，长久交换的衡器是良心。
  2024 年 10 月在企业生命力大会上的演讲

- 优秀的人格品牌会让你厚积薄发。
  2024 年 10 月与青年创业者对话

五、
一个脑袋、一张嘴、一张脸皮、两条腿是平民创业的天生资本

- 想法，不想就没有法。
  2017 年 6 月谈苦思冥想日，方法来临时

- 指导思想决定行为方向。
  2012 年 9 月谈企业以利润为目标和以品牌为目标其结局迥然

- 不以当下得失为转移才能扩展格局。
  2012 年 9 月谈格决定局，目标决定格

- 主动更容易成功。
  2012 年 9 月谈事业

- 失败多归因于浪漫。
  2012 年 8 月谈浪漫地想，务实地干

- 最大的能力是获取杠杆的能力。
  2012 年 2 月谈组织是最大的杠杆

- 彼此互利才能相互续力。
  2012 年 10 月谈互利是神奇的力量

- 互相服务可打通彼此心路，相互心安，彼此幸福。
  2012 年 10 月谈服务是神奇的力量

- 方向、方法、力度是成败的三要素。
  2018 年 2 月谈三维成事

- 大道至简，术法万千。
  2005 年 4 月谈执政要把握大道

- 公与私取决于其辐射半径。
  1978 年 3 月谈公私相对论

- 心理、事理，人生双翼。
  2005 年 4 月谈"既要又要"是成事大道

- 仁者，内孝悌，外忠恕。
  2005 年 4 月谈何谓仁

- 场域优劣是成败系数。
  2012 年 9 月谈事业环境

- 欲扬先抑，必有奇迹。
  2009 年 3 月谈修养

- 粗中有细则出其不意。
  2006 年 10 月谈对人的观察

- 敬则业精，精则功成。
  2011 年 2 月谈敬业才能精业，精业才能成业

- 解决问题三元力优于二元力。
  2017 年 6 月谈工作方法

- 妥协，因妥当而协作。
  2017 年 8 月谈合作

- 次序、程序都是艺术。
  2017 年 8 月谈工作艺术

- 机遇都是朦胧的。
  2007 年秋谈当对事情十分有把握时就已经失去机遇

- 机遇都在风险中。
  2006 年 7 月谈机遇与风险孪生

- 有后路的冒险才是智勇双全。
  2004 年 4 月谈有些风险成则王，败则寇，须智谋

- 有备用机制方万无一失。
  2013 年 4 月谈零失误须有保全机制

- 犯错改错固然好，但成本太高。
  2010 年 3 月谈失败是昂贵的成本

- 在未知大于已知的宇宙中偶然多于必然，感性价值大于理性价值。
  2020 年 12 月谈人要崇拜宇宙

- 与探险高手同行才能进而不险。
  2017 年 10 月谈人生与谁为伍很关键

- 判断力是能力的核心。
  2020 年秋谈能力是多种力的集成

- 人生就是因选择而衍生的因果链。
  2023 年 10 月与创业者座谈

- 事物都是一分为二，两难抉择时必须进。
  2007 年秋对地方发展机遇的思考

- 成事的人不是因为完美。
  2004 年 10 月谈圣贤在于大事开明，并非细处完美

- 事物能量都是正负对等且并存。
  2014 年在党校讲课时谈互联网的正负能量

- 乐观主义、理想主义是人生的阳气。
  2006 年 6 月谈有阳气，心灵就阳光

- 敢想又敢干，思路才"变现"。
  2003 年夏谈事业

- 不管东南西北风，有胆有才成英雄。
  1988 年春谈任何时代都有事业的机遇

- 无我之时才能进入最高的境界。
  2004 年春谈境界

- 舍得眼前利，方能图得远。
  2007 年 11 月创作的歌词《图长远》

- 守正是出奇的底线。
  2010 年 7 月谈改革一旦方向错误就失去了自主的机会

- 原则是太阳，灵活是月亮。
  2000 年春在山东大学读博时为鲁电变压器厂培训

- 成败兼历才成熟。
  2011 年 2 月谈阅历造就人才

- 资源意识是做事业的首要意识。
  2013 年 6 月谈资源是成事的前提

- 资源多寡与事业大小成正比。
  2013 年 6 月谈资源是成事的前提

- 资源结构性短缺是求援的客观逻辑。
  2013 年 6 月谈要勇于、善于求援

- 经济和生物都有食物链。
  2009 年 8 月谈经济是自然属性

- 求援要勇敢，无效是原点，不成亦未减。
  2013 年 6 月谈要勇于、善于求援

- 脸皮起老茧才是黄金脸。
  2013 年 6 月谈脸厚心不黑，成事心不亏

- 不怕面子受苦是成事的基础。
  2017 年 2 月谈修炼

- 面子是失败的引子。
  2010 年 3 月谈合作

- 顾面子轻目的，得不偿失。
  2010 年 2 月谈要防止让面子乱了阵脚

- 用事业撑面子越撑越大，用面子撑事业越撑越小。
  2010 年 2 月谈爱面子是事业的拦路虎

- 为公舍面是可敬的职业公德。
  2010 年 2 月谈爱面子是事业的拦路虎

- 良心为盾的厚脸皮是成事的万能键，按下去就有 80% 的成功。
  2020 年 6 月谈爱面子是失败的引子

- 友谊在相互麻烦中产生与巩固。
  2013 年 6 月谈求人不要爱面子

- 求援的过程是识别人的过程。
  2013 年 6 月谈求人不要爱面子

- 稀有资源必然流向拉力大的一方。
  2013 年 6 月谈善于争取资源者是高手

- 决策不神秘，条件充足凭感性，条件不足才理性。
  2011 年 2 月谈决策

- 人聚，资源聚；人散，资源散。
  2009 年 8 月谈事业与人的关系

六、
科学定位才能顺利作为

- 科学定位，事半功倍。
  2013 年 5 月谈角色定位

- 性格、爱好、特长，影响职业方向。
  2009 年 5 月在党校培训班上讲课

- 性格影响行为，行为影响事业。
  2014 年 8 月谈事业与性格

- 志向要以禀赋为基础。
  2009 年 5 月在党校培训班上讲课

- 分析优势和劣势是择业的定位仪。
  2005 年 4 月谈择业与履职

- 劣势败事概率大于优势成事概率。
  2017 年 7 月谈择业须自知劣势，谋事须辨知风险

- 情商高者搭台，智商高者打工。
  2018 年 12 月谈情商是智商的元帅

- 难想易干，创业稳健。

2014 年 11 月谈易想易干靠汗水，难想易干靠智慧

● 专业是管理者进退自如的根基。
2016 年 9 月谈先做专业后做管理是大智

● 不急，才能优选。
1999 年秋在山东大学读博时谈工作方法

● 以时空为坐标权衡大小、先后、分寸、进退。
2016 年 9 月谈对重大事情的决断

七、
专心就能致志

● 专业、专注，必有前途。
2012 年 5 月谈专业、专注的价值逻辑是物理的压强原理

● 持之以恒就会成器成名。
2007 年 10 月对民间剧团的思考

● 知进退旨在防险，既能防险焉何不进？
2007 年 10 月谈防险而进，以进图久

● 事情进入潜意识后就会心想事成。
2018 年 7 月谈潜意识

● 心想事成，想因才能果成。
2018 年 7 月解读成语

● 良性积累才能良性转折。
1996 年秋在山东大学读博时为真情集团培训

- 目标坚定则方法必生。

  2020 年 9 月谈目标不要轻变，坚持行动、尝试、改进、完善、往复循环

- 专注产生感情。

  2019 年 4 月谈无论对人对事，专注就会爱起来

- 用快乐的心做事才能专注而持久。

  2005 年 9 月谈快乐与专注成正比

- 大胆而心细，事业有出息。

  1996 年秋为山东电力培训时谈阴阳互济是成事的机理

- 勇而敏是斗智斗勇之灵魂。

  1996 年秋为山东电力培训时谈阴阳互济是成事的机理

- 穷则思变，无产则勇。

  1996 年秋谈改革的先锋队不可能是利益集团

- 多思细想是真正的高效。

  2012 年 5 月在青岛参加公务活动有感

- 顺人性待人，逆本能待己。

  2012 年 5 月谈逆人性待人则孤家寡人，顺本能待己则人生低级

- 细致出感情、出水平、出艺术、出保险系数。

  1997 年春在山东大学读博时为鲁花集团培训

- 细致才能扎实。

  2001 年 5 月在中共山东省委党校学习时谈工作作风

- 人性化需要用细节体现。

  2010 年 6 月谈服务

- 本事终身，财富一时。

1988 年春在中共山东省委党校学习时为润华世纪集团培训

- 工作是积能创牌的机遇。

1988 年春在中共山东省委党校学习时为企业经理班培训

- 敷衍工作即敷衍人生。

1997 年秋在山东大学读博时为鲁花集团培训，谈岗位是积累能力的平台

- 用研究的心态履职必有奇迹。

2009 年 6 月谈专心就能致志

- 三年入行，十年成器，人才成长的量变轨迹。

2013 年 6 月对"十年磨一剑""十年寒窗无人问"等诗句的感悟

- 墨池洗瘦千千笔，画龙方能善点睛。

2015 年 10 月赞美书画家

- 心精才能业精。

1988 年春在中共山东省委党校学习时谈有匠心必成器

- 投机取巧，必然浮躁。

2006 年冬谈取巧而浮躁，浮躁终碰壁

八、
任劳立大功，任怨成大器

- 智养能，德养性。

2020 年 6 月谈智与德决定能与性

- 吃亏是高尚，吃气才伟大。
  2001 年冬在中共山东省委党校学习时谈多数人吃苦未必能吃
  亏，吃亏未必能吃气

- 任劳者多，任怨者少，大才者反其道。
  2001 年冬在中共山东省委党校学习时谈修养

- 任劳不任怨，功德减一半。
  2000 年春在山东大学读博时读《曾国藩》有感

- 任劳积功，任怨积德。
  2000 年春在山东大学读博时读《曾国藩》有感

- 选择了任怨就步入了竞争少、阻力小的通道。
  2001 年在中共山东省委党校学习时谈修养

- 乐观才能心路阳光。
  2008 年 8 月在中央党校学习时谈人生心态

- 责任面前责己一度，素质提升一步。
  1996 年 6 月谈修养

- 成了归运气、败了归自己才能自励。
  1996 年 6 月谈修养

- 多琢磨自己，少琢磨别人，才能轻装前进。
  2000 年春对社会现象的思考

- 好斗必招斗。
  2014 年 1 月谈和谐与事业

- 矛盾无处不在，斗事不斗气，人生成大器。
  2014 年 2 月谈和谐与事业

- 把自己看得太重，事业难成。
  2004 年 6 月谈创业

- 走出自己的势力范围才能感悟到做事的艰难。
  2003 年 12 月谈修养需要感知世事艰难

- 任何人、任何事物都有其致命弱点，被攻必败。
  2003 年 2 月谈虎尾是虎的致命处

- 强者恃勇，弱者凭智。
  1996 年冬在山东大学读博时为真情集团培训

- 色厉内荏，惹事败事。
  2020 年 3 月谈狂者既惹事又败事

- 对后果看得更远的人是善于"长跑"的人。
  2014 年 7 月谈人生"长跑"

- 为了未来要放下身段。
  2013 年 6 月谈人生需要欲扬先抑

- 不能自制就不能自立。
  2003 年春谈干部情商

- 不能治身，焉能治事。
  2020 年 5 月谈克己成业

- 大志抑小欲，远志抑近欲。
  1997 年 4 月谈志与欲的关系

- 过瘾就是过度。
  2018 年 6 月谈少做过瘾的事，少说过瘾的话

- 过错，过就是错。
  1980 年 10 月在山东师范大学读书时感受到中国文字不仅是符号更是智慧

- 胡说八道，成本极高。
  2003 年 5 月谈过嘴瘾败事最简单

- 口惹祸成本最低，时效最快，祸度最烈。
  2022 年 10 月谈历史人物孔融

- 用嘴巴赛跑者，跑得越快、越猛，事越坏。
  2020 年 11 月谈要避免做嘴巴英雄

- 修养先修嘴，修嘴先修心。
  2022 年 10 月谈历史人物孔融

- 把好嘴关，人生安全。
  2014 年 12 月谈"嘴"者口挂匕角，也可止匕角

- 器官的功能越多其所系的祸福越多。
  2003 年 10 月谈多功能的器官之现象

- 言行过瘾，伤己伤人。
  2001 年在中共山东省委党校学习时自我反省

- 言行合身，风雨少，甘露多。
  2008 年 10 月在中央党校学习时看新闻有感

- 密而速，事可图。
  2023 年 5 月有感于朋友圈中的猫捕小鸡视频

九、
天助地助固然好，勤奋厚道最可靠

- 付出才能杰出。
  2002 年秋为山东农业大学干部培训

- 不付出，狗不理。

2008 年 8 月养宠物有感

● 付出是获得的法则。
2000 年春在山东大学读博时谈付出与获得

● 付出与向心力成正比。
2000 年春在山东大学读博时谈付出与向心力

● 付出是最高贵的品质。
1987 年 3 月为全县校长培训

● 先损后益，因果逻辑。
2024 年 3 月为应届大学毕业生作讲座谈损、益

● 工作应付，渔鱼皆去。
1988 年春在中共山东省委党校学习为企业培训

● 努力工作，渔鱼兼得。
1988 年春在中共山东省委党校学习为企业培训

● 做事偷懒，能力递减。
1983 年 5 月在山东师范大学读本科时谈经验、经历与能力成
正比

● 勤奋是财富的源，厚道是平安的宝。
2016 年 10 月所创作的歌词《勤奋厚道歌》

● 处世不小气，方可成大器。
2006 年冬论干部

● 奉献和付出是好人的基础。
1999 年秋在山东大学读博时谈如何做一个好人

● 斤斤计较，难成大事。
1996 年春为润华世纪集团培训

- 对事不计较，小我即去，大我即到。
  2020 年 4 月谈如何实现心理学家荣格提出的"大我"境界

- 人的技能、情感、思想都会在安逸中退化。
  1999 年秋在山东大学读博时谈安逸丧志、毁身

- 年年续根，才能年年收获。
  2020 年 4 月谈人生产出与植物产出有共性

- 做事靠谱靠勤奋，做人靠谱靠厚道。
  2016 年 6 月创作的歌词《勤奋厚道歌》

- 勤奋可以激活一切能量。
  2010 年谈勤（心勤、脑勤、嘴勤、手勤、腿勤）是成功的第一块铺路石

- 勤奋是成就事业最经济的成本。
  2010 年谈勤奋是成功的第一块铺路石

- 勤奋既能积累能力，又能积累资本。
  2010 年谈勤奋是成功的第一块铺路石

- 勤奋既能成事又能积德。
  2006 年 11 月谈勤奋是品行的窗口

- 任性、惰性是人生克星。
  2017 年 2 月谈修养

- 谦与勤，值千金。
  2017 年 3 月谈谦则和，和则顺；勤则积，积则进

- 勤奋是融入群体的智慧。
  2006 年 11 月谈勤德能绩，勤为先

- 胆子小、面子薄、架子高、身子娇，是干不成事的主观原因。

2012 年 8 月谈创业

- 善说善行善成才是真丈夫。
  2020 年 9 月谈人要重行尚成

- 时间是一切事物发展的自然变量。
  2004 年 6 月对人生的哲学思考

- 时间是相对自主的第一资源。
  1984 年 5 月在山东师范大学读本科时谈从时间里淘金

- 沉浸于事业之中，事业才能成功。
  2023 年 11 月与企业家交谈

- 生活方式与工作方式互融是事业型人才的特征。
  2023 年 11 月与企业家交谈

- 体验才能产生自己的智慧。
  2012 年 9 月谈体验是书本变资本的关键

- 炼，是成材的关键。
  2012 年 9 月谈才不等于材

十、
温差、挫折、减速是事物高质的主要变量

- 心理成熟才是人生成熟。
  2007 年 10 月谈心理成熟需要历练

- 挫折历练是心理成熟的必备条件。
  2004 年 1 月谈逆境是心理历练的最佳期

- 好的思想基础是可靠的人生财富。
  2000 年冬对人生现象的分析

- 艰苦升华，安逸退化。
  2004 年 5 月在宁夏公选厅级干部任职会上的发言

- 主动吃苦幸福，被动吃苦痛苦。
  2009 年 3 月谈先苦后乐

- 关爱产生短暂幸福，磨炼提升持久能力。
  2019 年 6 月谈能力可积淀，幸福是瞬间

- 主动历练身苦，被动历练心苦。
  2018 年 5 月谈主动历练即修养

- 破坏性试验出真品。
  1999 年秋在山东大学读博时谈历练

- 人生价值是各转折点的均值。
  2017 年 7 月谈人生要看平均值

- 经验、挫折都是金。
  2011 年所作歌词

- 挫折是另一种动力。
  1999 年秋在山东大学读博时谈挫折也是金

- 负刺激是高效的教育。
  2010 年 1 月谈在打击和痛苦中的认知更深刻

- 缺少苦味的人生营养不全。
  1999 年秋在山东大学读博时谈历练

- 经受批评是最简单的历练。
  1999 年秋在山东大学读博时谈承受不了批评就别谈历练

- 批评，最受益的是被批评者，风险最大的是批评者。
  2019 年 11 月谈批评是雕刀，先表扬后用刀

- 小败是大胜的营养。
  2004 年 1 月谈要磨炼心理韧性

- 万事利弊共生，化弊为利是最高超的谋事。
  2018 年 7 月对 3M 公司化弊为利的感想

- 失于彼，得于彼，才是大丈夫。
  2008 年 11 月在井冈山干部学院谈要把挫折和教训变成东山再起的能量

- 同类事物永远是大的左右小的、强的左右弱的。
  2011 年 9 月对事物现象的分析

- 心境因时空而变。
  2010 年 4 月与干部谈心

- 不苛求环境的事物生命力强。
  1999 年秋在山东大学读博时谈野草与娇花的生命力

- 好事想象得更好，坏事想象得更坏，是人的弱点。
  2007 年 8 月谈对人的心理惯性的思考

- 想，要乐观；干，要冷静。
  2020 年 6 月谈理想与现实永远存在剪刀差

- 惩戒是人、组织、社会走向完美的强力雕刀。
  2007 年 8 月谈不主动自我惩戒必遭社会或历史惩戒

- 对理想打点折扣有助于更好地面对现实。
  2007 年 8 月谈理想与现实永远存在剪刀差

十一、
人生、经济、政治都要不断地用优质增量调存量

● 不同的时代造就不同的主流人才。

　　2006 年 1 月谈不同的历史时代偏重不同的人

● 轮回是万物之规律，以此均衡利弊。

　　2023 年 11 月谈大自然是显相的轮回

● 事物在循环中平衡。

　　1999 年秋在山东大学读博时谈佛教用轮回观察平衡

● 小人红火一时后越来越臭，君子艰难一时后越来越香。

　　2010 年 8 月对做人的判断

● 人要有历史感，思往、思今、思来。

　　1999 年于山东大学读博时谈用历史感规划人生

● 硬释放或软释放都能彰显人生能量。

　　1996 年秋在山东大学读博时谈人生有顺逆，要珍惜每个历史
阶段

● 优质积累与可持续发力成正比。

　　2017 年 5 月谈优质积累才能优质飞跃

● 能量积淀后自然会发光。

　　2015 年 2 月谈立足主观改造客观

● 走捷径者积累不足经不起风雨。

　　2017 年 5 月谈捷径不可取

● 未来不由己，今天却由你。

　　2013 年 6 月谈人生要立足自身的可控因素

- 植物有边行效应，政治有中心效应，边行与中心都是阳光雨露充沛地带。

  2014 年 8 月谈人才与环境

- 人生永远伴随着矛盾，非 A 即 B，非大即小。

  2000 年春在山东大学读博时感悟人生

- 心里装着大事就没有小事。

  2000 年春在山东大学读博时感悟人生

- 心大才能功大、命大。

  2004 年秋谈情商、心境之能量

- 破罐子破摔，越摔越碎。

  2007 年 10 月对人事现象的观察

- 挫折和困难既是发展的机遇，又是一败涂地的拐点，因人而异。

  2004 年 5 月对人生的思考

- 人生要在比较中安慰，在比较中奋进，在比较中借鉴。

  2010 年 5 月谈比较可以振奋心灵

- 失败多责己，心底不积气。

  2012 年 10 月谈正确对待失落

- 有悔则吉。

  2007 年 8 月谈常悔常进

- 多责己，早成器。

  1996 年 6 月谈修养

- 成功只能在挫折和痛苦中不断接近。

  2010 年 3 月谈实践的意义

- 娇儿多危。

2018 年 8 月谈一帆风顺必"骨"中缺"钙"

- 发于良心，磨于诸事，方致良知。
  2019 年 10 月读《传习录》有感

十二、
人生的价值轨迹是重大转折点的连线

- 人生路上偶然性多于必然性。
  2010 年 4 月谈偶然性多于必然性的原因是未知多于已知

- 命运是不自主的多变量因素在某时空交集的产物。
  2008 年 3 月谈命运是唯物的

- 逢大势为机，得贵人为遇。
  2018 年 8 月谈机遇是客观的、变化的

- 机遇，今天再晚也是早，明天再早也是迟。
  2010 年 2 月对上级领导讲话的联想

- 天有四时，人有四运，不同时运做不同事，但不能不做事。
  2012 年谈用做事等待和赢得时运

- 人生处境有时像打台球，没有理想球也要打，在击球中赢得机遇。
  2012 年谈用做事等待和赢得时运

- 时运不到的原因是量的积累不足，包括补短板。
  2008 年 3 月谈植物达到积温后才能开花结果

- 姜太公七十得志，八十主政，百二十九寿终。

2000 年秋参观姜太公庙时对人生的感悟

- 名不正言不顺的情况下做成事的人是豪杰。
  2005 年冬对历史人物的思考

- 人生动力多，失败不失落。
  2013 年 11 月谈人生动力不可单一

- 缺陷是另一种成功的条件。
  2003 年春谈残疾人多有志

- 每一个器官都可以支持你生存下去。
  2010 年 6 月有感于身残志不残者

- 技能在手，天下可走。
  2010 年 6 月有感于身残志不残者

- 个人在自然和组织面前是渺小的。
  2007 年 10 月对政治现象的观察

- 势力不对等，休想平等。
  2008 年 9 月在中央党校学习时听民航局局长李家祥的报告
有感

- 从改变主体入手改变客体。
  2023 年 9 月为企业授课时谈万物因对手存在而有价值

- 经济平等才有政治平等。
  2018 年 8 月谈经济是政治之基础

- 此一时彼一时，言行与身份要一致。
  2007 年 8 月谈身心要随时归位

- 除了宇宙外，最可敬畏的是时间与生命。
  2016 年 11 月谈时间与生命的价值

十三、
人生要看平均值

- 幸福在于希望。
  2023 年 10 月与创业者座谈

- 心中有灯，夜路亦明。
  2023 年 10 月与创业者座谈

- 人生价值是纵横多元量的平均值。
  2017 年 6 月谈人生有多种价值段

- 人生的总价值取决于一生的价值链。
  2017 年 6 月谈人生有多种价值段

- 人人都是"命运盲人"，或然多于必然，唯有内因可以减少
或然。
  2017 年 6 月谈内因是人生的方向盘

- 用道德做压舱石就不会有绝路。
  2006 年冬谈人生现象

- 不甘心就是动力。
  2006 年冬谈人生现象

- 不安分者必有他志。
  2006 年冬谈人才

- 人生都可以重新开始。
  2010 年 6 月谈身残志不残者

- 求全违背天道，全胜物极必反。
  2008 年 11 月在中央党校学习时谈输一点是好事

- 大胜、全胜不是大智慧。
  1999 年秋在山东大学读博时读《孙子兵法》而感

- 上司是流水的"兵"，不可能影响你一生。
  2004 年 1 月谈磨炼心理韧性

- 自省是最好的自励。
  2017 年 9 月谈自省

- 人生度过几道坎，活在世上才闪光。
  2009 年 9 月谈坎坷与人生

- 保存势力，克服问题是兵法的宗旨。
  2020 年 2 月有感于《周易》名句"天地之大德曰生"

- 稳乃久之基，久存方长惠。
  2023 年 11 月谈稳则久，久则长惠

- 久是事物的最高追求。
  2023 年 11 月谈久才能享受复利

- 相同素质下年龄与智慧成正比，时间与进化成正比。
  2023 年 11 月谈反馈机制让活性事物不断进化，时间与进化
  成正比

- 活着就会进化。
  2023 年 11 月谈反馈机制让活性事物不断进化，时间与进化
  成正比

- 人尚可，天不成，留下能量予后生。
  2023 年 11 月谈人生

- 复利原则是人生及组织价值的第一原则。
  2020 年 2 月有感于《周易》名句"天地之大德曰生"

根深叶茂的人生需要
知识"氮磷钾"

B

一、
文、史、哲是一切事业的酵母

● 语言是生存、生活、工作的第一工具。

1989 年秋在中共山东省委党校学习时谈语言是低成本的万能催化剂

● 语言是催化人心最快的物质。

2002 年秋谈语言的价值

● 文字是文化的根。

2003 年秋对成吉思汗创造蒙文的感悟

● 汉字、词是智慧之库。

2003 年秋读许慎的《说文解字》有感

● 古汉语是汲取中华古典智慧的渠道。

2002 年秋谈古汉语对人类智慧的意义

● 多懂一种语言，多一份生存空间。

2002 年秋谈懂外语的价值

● 文学是最好的启蒙工具。

2007 年 8 月谈文学艺术用形象和情感打动人心

● 暴露文学极易唤起社会反思。

1980 年 10 月在山东师范大学读本科时谈社会变革中往往暴露文学先行

● 阳春白雪与下里巴人共鸣是诗人的生命。

2019 年 3 月与诗人玉峤对话

● 歌谣是捕获心灵、传播思想的利器。

1980 年 10 月在山东师范大学读本科时谈歌谣具有简明加音律的优势

● 历史题材的文学家是精神王国中的政治家、军事家、企业家。

1983 年 10 月在山东师范大学读本科时谈《三国演义》作者罗贯中

● 理论明理，文学感化。

2001 年春在中共山东省委党校学习时谈文学是活生生的社会教科书

● 读史让你增加相对阅历。

1996 年秋在山东大学读博时谈历史是智慧的矿藏

● 时代永远拖着历史的影子。

2005 年冬谈历史藏着现实的模板

● 历史是理解现实的老师。

2005 年冬谈历史中藏着现实的模板

● 经验是智慧的北斗，教训是智慧的坐标。

1984 年春在山东师范大学读本科时谈经验与教训都是金

● 经史养心，困苦励志。

2001 年 8 月在中共山东省委党校学习时谈修养

● 哲学是元理和方向，科学是原理与方法。

2019 年 6 月兼谈哲学是元科学

● 万物皆具能量。

2023 年谈物质与能量

● 哲助思，文言志，史增智，艺生美。

1989 年秋为莱西县校长班培训

- 哲人大胜。
  2007 年 8 月谈哲学的力量

- 元理即道，万物元理归一。
  2018 年 5 月谈大道相通

- 道是超然于人心的规律。
  2018 年 12 月读《传习录》有感

- 哲学是智慧的钥匙。
  2006 年 12 月谈哲学

- 世界观和方法论是哲学的灵魂。
  2006 年 12 月谈哲学

- 世界观和价值观高于方法论。
  2008 年 10 月在中央党校学习时谈世界观

- 世界观是对世界事物的判断或命题。
  2008 年 10 月在中央党校学习时谈世界观

- 哲学和艺术思维是创新的翅膀。
  2006 年 12 月谈哲学历史有利于拉长人的思维跨度

- 人生是一条割不断的因果链。
  2006 年 12 月谈哲学

- 循人性得人心。
  2006 年 9 月谈工作方法和号召力

- 佛教用天堂与地狱劝善。
  1996 年 3 月谈间接用力更持久

- 因而果，果而因，积而量，量而质。
  2006 年 12 月谈哲学

- 循环是规律之形式。

  2006 年 12 月谈哲学

- 延长循环半径可以延缓规律周期。

  2006 年 12 月谈哲学

- 认识规律，趋利避害，非被动循之。

  2006 年 12 月谈哲学

二、
表达力、鼓动力是人的第一影响力

- 沟通是社会人的第一需要。

  2002 年秋谈语言的价值

- 不善沟通是职业短板。

  2016 年秋为中青班讲课时谈职业品牌

- 事业成功的人大都是善于反思总结的人。

  1980 年秋在山东师范大学读本科时对人生成长的思考

- 观念传播就是人生营销。

  1999 年秋在山东大学读博时谈观念传播的意义

- 思想要精，必须笔耕。

  2003 年 2 月谈思考不动笔、思想不精细的弊端

- 书面语言是理性思维的工具。

  2018 年 6 月谈书面语言的价值

- 写作是提炼思想的必备工艺。

2003 年 2 月谈笔杆子的价值

● 身份越高越慎言慎文。
2013 年 10 月谈古代皇帝以圈阅奏章代言

● 语言的思想性折射着人的深度形象。
1987 年 8 月谈表达

● 触动心灵是宣传的要领。
1984 年 5 月在山东师范大学谈宣传要在几分钟内使听众定势

● 思想、逻辑、修辞是文章的魂、骨、肉。
2003 年 2 月谈好文章的三大要素

● 低水平的秘书重修辞，高水平的领导重思想。
2008 年 1 月谈讲话是领导形象的重要内容

● 哲理性、数据性、利益性，才有刺激性。
2008 年 1 月和秘书谈话

● 论据是说服的基石。
2008 年 1 月谈论据包括史实、现实、名人、至理、定理、公式

● 概括力是表达力的基本功。
2001 年春在中共山东省委党校学习时谈高手都善于浓缩语言

● 句子对仗押韵有助于愉悦记忆。
2008 年 11 月于井冈山干部学院学习时谈文体

● 对偶对仗的语言有助于强化记忆、增强语势。
2008 年 11 月于井冈山干部学院学习时谈文体

● 理论简约化和形象化才能大众化。
2001 年春在中共山东省委党校学习时谈理论大众化是执政党必须坚持的文风

- 表述确切是公文和演讲的第一质量。

  2007 年 10 月谈表达不确切是领导干部表达之大忌

- 准确的逻辑需要精确的概念。

  2001 年春在中共山东省委党校学习时谈文章

- 表达有歧义，听者必生疑。

  2007 年 10 月谈表达若含混不准、指代不明，必引发思想波动

- 关键时刻、关键事件，用准关键词，直接关系到事态的走向。

  2004 年 10 月谈事故处理中的语言艺术

- 概念精准，号召高效。

  2020 年 6 月读讲述网飞公司文化的《不拘一格》一书有感

- 哲理增霸气，历史增厚度，专业增信赖，数字增精度，修辞增感染，简练增记忆。

  1987 年 8 月谈文章

- 传神借比喻，哲理靠警句。

  1987 年 8 月谈表达

- 哲言即用很短的话阐明很深的理。

  2010 年 2 月对 17 世纪英国哲学家洛克的名言有感

- 哲理是从原点观察事物形成的结论。

  2019 年 4 月谈原点观是认识方法论

- 从原点观察问题会醍醐灌顶。

  2019 年 4 月谈原点观是认识方法论

- 思想是政论文的灵魂。

  1987 年 8 月谈表达

- 观文笔可以察风骨。

  2005 年 6 月与秘书谈话

- 为民代言，为公撑伞，为义亮剑是媒体的本分。

  2010 年 7 月与新华社宁夏分社全体记者座谈

- 用故事讲事理，言简意赅。

  2006 年 10 月谈号召力

- 用比较表达观点更有说服力。

  2003 年 4 月谈号召力

- 数字是最直观的表达，最易统一思想。

  1998 年秋在山东大学读博时谈表达

- 宣传的针对性越强越有号召力和冲击力。

  2006 年 10 月谈号召力

- 唤民之行须有唤民之理、利。

  2004 年冬谈动员民众

- 阐明意义，激发动力。

  2005 年 3 月谈动员和请示

- 细节可以提升作品的真实感。

  2005 年 3 月谈细节生辉

- 诗是雅者的礼帽。

  2005 年 3 月谈诗歌

- 夸张、拟人、押韵、意境、诗眼是好诗的基点。

  2005 年 3 月谈诗歌

- 好诗有意境，好文亦当然。

  2005 年 3 月谈记叙文要有意境

- 诗不用两句话表达同义，文亦然，文方简。

  2005 年 3 月谈简练才是好文

- 舆论和声势可以不战而屈人之兵。

  2005 年春谈舆论导向

- 优秀的讲座，一要讲道，二要讲故事，三要有宽泛的信息量。

  2000 年春在山东大学读博时谈讲课的技巧

- 感染了对方才是成功的演讲。

  2000 年春在山东大学读博时谈讲课的技巧

- 情是文的灵魂。

  2005 年 2 月谈好文是情感的结晶

- 情感、艺术、词语是表达成效的鼓槌。

  2005 年 2 月谈好文是情感的结晶

- 有人讲话很长掌声很短，有人讲话很短掌声很长。

  2005 年 2 月谈讲话要服务于目的

- 工作重点过三，下级容易走偏。

  2008 年 10 月在中央党校学习时谈领导布置工作

- 口号一旦面面俱到就失去了集中导向的力量。

  2005 年 7 月谈口号的作用与原则

- 口号的利益性越直白越易抓住人心。

  2003 年 2 月谈新民主主义革命时期"耕者有其田""当家做主人"两大口号

- 情、慢、顿、清、精是演讲的要令。

  1999 年秋在山东大学读博时谈演讲

- 句子短、音调长，听得清、不易忘。

1999 年秋在山东大学读博时谈演讲

- 声音是入心的能量。
  2005 年 4 月谈声音是情感的载体

- 对方听得懂，表达才成功。
  2018 年 12 月在沈阳开会时谈普通话的重要性

- 数据、图像，易解易记难忘。
  2018 年 10 月谈数据、图像是万能的语种

- 述之、议之，须知之。
  2005 年 3 月谈知情才有好文章

- 立言是身后的能量。
  2005 年 3 月读古人经典所感

三、
心理学是渗透领域最广泛的科学

- 人性相通，人人都是体验式心理学家。
  2005 年 4 月谈工作要从心切入

- 大苦大难中才会产生人性的真悟。
  2018 年 10 月读王阳明《龙场悟道》有感

- 人与人之间的好心情需要相互置换。
  2019 年 1 月谈利他才能利己

- 每一个人都是他人的环境。
  2019 年 1 月谈人的行为不是孤立的，都会影响着别人

- 越文明越要研究心动力、心经济、心政治、心文化、心社会。

  2005 年 4 月谈工作要从心切入

- 三人在，不耳语，礼也。

  1990 年 3 月谈心理尊重

- 紧张才能振作。

  2005 年 4 月谈要营造振作的工作氛围

- 人一旦被瞩目就会释放潜能。

  2005 年 4 月谈用好集体拔河机理进行团队激励

- 求同意识是永恒的心。

  1989 年春在中共山东省委党校学习时发表《论求同意识》

- 同类求同是人们追求的第一指向。

  1989 年春在中共山东省委党校学习时发表《论求同意识》

- 管理不公，反抗必生。

  2007 年秋谈公平

- 人的情绪可以放大和缩小指令。

  2007 年秋谈用管物的方法管人必有后患

- 思想统一才是真正的统一。

  1988 年秋在中共山东省委党校学习时谈管理人首先要管理思想

- 心通了做事才高效。

  2008 年 2 月谈心动力

- 启发式教育、启发式领导是王道。

  2007 年秋谈善于启发才能释放他人智慧

- 引导理性和预防非理性是管理的首要任务。

2007 年秋谈管理

- 理性与刺激成正比。
  2007 年秋谈防止、控制非理性是管理的高手

- 植物尚有争阳避障的本能，况人乎？
  2007 年秋观察植物有感

- 人总是要释放能量，或正或负。
  2008 年 1 月谈管人不同于管物

- 心理影响生理。
  2010 年 2 月谈精神的反作用

- 心理暗示会调动潜能。
  2008 年 11 月在中央党校学习时谈心理影响神经

- 排序是重要的结构，影响认知，影响功能。
  2008 年 11 月在中央党校学习时谈形式的功能

- 导向影响认知，背景影响判断。
  1984 年 5 月在山东师范大学读本科时学习《认识论》所感

- 兴奋与思考是相克的心理活动。
  2017 年 5 月谈兴奋抑智

- 体验与记忆成正比。
  1984 年 5 月在山东师范大学读本科时学习《实践论》所感

- 直觉是多信息的整合，是高智力活动。
  2004 年冬谈人具有超乎感性和理性之外的感知能力

- 象，真于言，重于言。
  2023 年 12 月谈易经、中医以象断事，以数推理

- 先判断后推理有助于快速认知。

2016 年 12 月谈应急判断

- 紧急易从众，恐慌无悲伤。
  2008 年 9 月在银川河东机场有感

- 行为可以相互感染是氛围影响行为的机理。
  2009 年 1 月谈人与氛围互动

- 心情是寿命的重要变量。
  2006 年春谈平和、开朗者健康

- 注意力转移，病方可医。
  2017 年 11 月谈精神与健康

- 医病需要精神、营养、药物三元发力。
  2017 年 11 月谈精神与健康

- 好心情是天然的免疫力。
  2017 年 11 月谈性情豁达，疾病不袭

- 怒和欲是伤身之毒。
  2013 年 6 月谈包容者少怒，少怒者长寿

- 火爆的脾气只能杀伤自己。
  1989 年春在中共山东省委党校学习时谈秦始皇气盛命短

- 脾气耗气胜于体力。
  2020 年 7 月谈脾气越大，耗气越大

- 群体式教育胜于一对一。
  2017 年 12 月谈工作艺术的本源是心理学

- 公开表扬放大能量，私下批评不伤心灵。
  2017 年 12 月谈工作艺术的本源是心理学

- 心是帅，才是将。

2019 年 4 月对稻盛和夫先生的人生方程式有感

- 人一旦被加温就容易融洽。
  2007 年秋谈人喜温不喜寒

- 动机转化为情感才能付诸行动。
  2011 年 10 月谈情商是行为的总驱力

- 有了激情才能义无反顾地行动。
  2011 年 10 月谈情商是行为的总驱力

- 人心主宰着组织和社会。
  2011 年 10 月谈为人处世，人心为纲，纲举目张

四、
用审美意识做事，才能把事情做美

- 美的本质是让人愉悦。
  2018 年 10 月谈用审美意识为人处世是最高的修养

- 美是道德的最高境界。
  2018 年 12 月读《传习录》所感

- 美是人类文明的方向。
  2010 年 8 月在城市规划会上谈没有美就没有文明

- 和谐是美的本源。
  2006 年 2 月谈和谐的本质与外延

- 比例美是第一美。
  2007 年秋对生命体美感的思考

- 对称美是最普遍的美。
  2007 年秋对生命体美感的思考

- 阳刚美是雄壮美。
  2007 年秋对建筑美和高山美的思考

- 阴柔美是亲和美。
  2007 年秋对生命体美感的思考

- 抽象美是丰富美。
  2007 年秋谈造型和雕塑的美感

- 简洁美是持久美。
  2007 年秋对绘画、建筑美感的思考

- 淡雅美是平静美。
  2007 年秋对绘画、建筑美感的思考

- 色艳则浮，话艳则虚。
  2019 年 1 月谈人与物皆不可太艳丽

- 挺拔与方正传达阳刚美。
  2015 年 2 月谈工装彰显阳刚和精神

- 流线、曲线产生阴柔美。
  2015 年 2 月谈建筑及家具美

- 行为艺术离不开程序。
  2006 年 8 月谈程序、顺序是工作艺术

- 做任何事掺进了艺术就让人心悦。
  2018 年 10 月谈擦鞋工的艺术

- 艺术可以让事物或行为得到升华。
  2018 年 10 月谈擦鞋工的艺术

- 节奏是最简洁的艺术。

  2018 年 10 月谈擦鞋工的艺术

- 简约是人类不断追求的生产方式和生活方式。

  2000 年 1 月在山东大学读博时谈简约是科学的归宿

- 简约才能节约。

  2015 年 7 月谈简约既是美学，更是经济学

- 实事求是与美结合，才是美的实事求是。

  2007 年 10 月读鲁迅《立论》所感

- 和谐是矛盾的对立统一，并非掩饰回避矛盾。

  2007 年 10 月谈如何实现和谐

五、
数据是科学的基石

- 数学是宇宙及万物的解剖刀。

  2019 年 6 月谈越是神秘的肉体无法感知的事物越需要数学

- 数决定和表现质。

  2008 年 1 月谈物理量及管理尺度

- 最实的决策是数字决策。

  2010 年 10 月谈最实的政策是政策数字化

- 没有数字限定的政策、命令、计划是废话。

  1999 年秋在山东大学读博时谈数字化管理

- 数字化才是真正的标准化。

2008 年 1 月谈管理尺度

- 领导就是导向，管理就是算账。
  2010 年 10 月谈领导与管理要用不同方法

- 战略要简单，战术要细化。
  2008 年 7 月谈战略家要把复杂的问题简约化，战术家要把简单的问题细致化

- 数字意识越强化，科学越发展。
  1992 年冬谈恩格斯的数学观

- 精准的数据既是理性的彰显，更是理性的支柱。
  2016 年 10 月谈没有参数就没有质数

- 数据，数是最好的据。
  2005 年 12 月谈现代化的决策必须用数字说话

- 没有数据就没有硬道理。
  2005 年 12 月谈现代化的决策必须用数字说话

- 透过数理看本质。
  2002 年秋在山东农业大学讲课时谈本质的背后是数字

- 多一分大概，多一分风险。
  1997 年春对领导科学的思考

- 事物出现的频率或使用的频率与其价值成正比。
  2018 年 6 月谈频率是事物价值的重要参数

- 积累数据，积量成智，一举多益。
  2017 年 7 月谈积累数据就是记录历史、积累智慧

- 《周易》以数观变。
  2019 年 8 月谈数是刚性之理

六、
专业知识是事业的潜水衣

- 专业是职业的基因。
  2015 年 2 月谈专业的价值

- 专业越细化，科技越发达。
  2017 年 11 月谈专业化是科学化的基础

- 尊重专业就是尊重科学。
  2017 年 11 月谈尊重专业

- 专家唱戏，领导看戏评戏，智慧多多，省工省力。
  2017 年 11 月谈领导方法

- 妙语是行家的精华。
  2017 年 9 月谈行家自有妙语

- 专业信息量就是专家的质量。
  1996 年夏谈专业信息量积累到一定程度就是专家

- 隔行如隔山，行行都有天。
  2017 年 11 月谈尊重专业

- 专一的发展是最快的积累。
  2003 年 8 月谈企业专业化

- 专业化可加快专业知识量积累而加速质变。
  2003 年 8 月谈企业专业化

- 专业化越细，专注点越小，钉子般的功力就越强。
  2012 年 2 月在德国柏林考察时对科学化的思考

- 专业知识不足，细化深化受阻。

2001 年 1 月在中共山东省委党校学习时谈专业的功能

- 专科院校是产业军的摇篮。
  2015 年 2 月谈高等教育应多办专业化学院，少办综合性大学

- 大学专科化，专业链条才能细化深化。
  2015 年 2 月谈院校的数量结构应一综十专

- 技术精英将是未来社会的基础力量。
  2017 年 6 月谈技术文明与人文文明共同主宰社会

- 技术贵族最自由最浪漫。
  2017 年 6 月谈技术文明与人文文明共同主宰社会

- 专业、高效需要人才链条。
  2017 年 6 月谈培养人才链条是大专院校的专业目标

- 道，一通百通；术，无尽无穷。
  2017 年 6 月读王阳明《龙场悟道》有感

七、
人的素质、气质与吸纳的信息量成正比

- 处处学问，人人皆师。
  2005 年冬自诫

- 听而思是获知、修养的重要场景。
  2005 年冬自警

- 信息是一种能量。
  2002 年 12 月谈五官的价值昭示了信息的能量

- 与你相关的信息无论好坏均有益。
  2011 年 3 月谈信息是先知的条件

- 信息失衡和失真是失败的第一原因。
  2010 年 9 月谈信息的价值

- 信息是投入最低、产出最高的资源。
  2002 年 12 月谈重视信息与交流

- 知识既是素质的基础又是智慧的原料。
  2000 年冬谈知识与素质的关系

- 无能的前提是无知。
  2000 年冬谈知是能的前提

- 不懂就没有发言权。
  2000 年冬谈知识与智慧之关系

- 有主见才能不盲从、不摇摆。
  2000 年冬谈知识与智慧之关系

- 无知和信息不对称者是社会盲人。
  2013 年 10 月在中欧国际工商学院学习时谈无知者有时在快乐中被骗

- 信息先行才能避免盲动。
  2018 年 10 月谈必须把信息作为行动的先导

- 知识广博则思路开阔。
  1985 年春在山东师范大学读本科时谈知识要复合

- 知识元越密越广，整合力越强。
  1999 年秋在山东大学读博时谈知识之根愈深愈密，人生之树愈茂

- 知识一旦形成网状结构会自动生成四通八达的智慧。

1999 年秋在山东大学读博时谈大脑录入的信息越多越密越聪明

- 智慧是对知识的随机整合。
  2016 年 12 月谈智慧与知识的关系

- 兴趣广泛的人必然是聪明的人。
  2000 年春在山东大学读博时读西方哲学史感悟孟德斯鸠

- 高明者在于集百家之大成。
  2000 年春在山东大学读博时谈知识面越宽，量越大，知识之间的联通回路越多

- 知识育志，困难励志，能力成志。
  1997 年冬在山东大学读博时为济南市地税系统干部培训

- 资质证是事业初期的通行证。
  2006 年 9 月谈学生资本

- 大脑是一座与生命相伴的金矿。
  1996 年秋为山东电力集团培训时谈大脑是人生取之不尽的金矿

- 大脑是加工智慧的工厂。
  1996 年夏为企业培训

- 提升心态和提高技能是培训的两大要领。
  2000 年秋为企业培训

- 记忆是积累知识的必要条件。
  2015 年 1 月谈记忆是扩充知识库容的重要保障

- 多维刺激强化记忆。
  2006 年 10 月谈记忆力

- 记忆取决于理解深度、刺激力度、重复密度、愉悦程度、未来期度。
  1999 年秋在山东大学读博时谈广告与记忆

- 愉悦是记忆的催化剂。
  1999 年秋在山东大学读博时谈广告与记忆

- 重复有助于寻找规律。
  1999 年秋在山东大学读博时谈广告与记忆

- 学而习之，强化记忆。
  2019 年 4 月谈知行合一强化记忆

- 不悱不发，不愤不启是启智诲人的绝技。
  2015 年 10 月谈职业院校招生

- 读书读出自己的悟性才有价值。
  2016 年 9 月谈读书勿求快

- 阅读与写作只有进行心灵对话，你才能升华。
  2017 年 7 月谈读书或写作一旦达到与心灵对话就会产生悟性，就会内化或外化

- 读而思，闻而审，智也。
  2017 年 5 月读《吕氏春秋》有感

- 读书的感受与阅历成正比。
  2001 年 3 月在中共山东省委党校学习时谈认知与阅历的关系

- 会学习是学生的第一技能。
  2016 年 9 月谈读书勿求快

八、
见多识广是硬素质

- 素质资本是经营人生的万能资本。

2010 年 8 月在干部会上谈素质资本变现能力最强

- 成与败，个人素质是内核。
  1997 年冬在山东大学读博时谈环境是外因，素质是根本

- 气质和胆识首先来自见识。
  1996 年 12 月在山东大学读博时与真情集团员工交流

- 不安于现状的人一般是有更高远见识的人。
  2007 年 12 月谈人落后的原因是见识不广

- 阅历酿造智慧。
  2003 年夏谈尊重阅历

- 操作与亲历有助理解与记忆。
  2007 年 10 月谈操作性学习的意义

- 多一份经历，则多一份能力。
  1983 年 5 月在山东师范大学读本科时谈参与长见识

- 多一份能力，则多一份生存空间。
  2000 年冬谈能力是生存的支点

- 岁月雕人，阅历养心。
  2007 年秋谈经历助力人生扩胸

- 远行修心，行万里路，修万里心。
  2005 年秋谈游历影响性格

- 经多识广，适应力强。
  2010 年 6 月谈阅历

- 有先进的见识，才有先进的思想。
  2010 年 8 月在干部会上的讲话

- 一旦被知识体系所牢笼就会成为笼中百灵鸟。
  2010 年 8 月在干部会上谈跳出已有的知识体系才能更好地创新

除了宇宙力之外，最强大的力量是心力和思想力

C

一、
心力是由爱、志向、毅力等释放出的能量

● 软件统领硬件是事物的重要规律。
  2008 年 1 月谈要用道德统领科技

● 一切动力都是由软物质转化的硬力量。
  2006 年 9 月谈自然力、机械力、化学力、热力等动力现象

● 杀伤力最猛的是爆炸力，其能量是软气体。
  2003 年 9 月谈辩证法

● 潜意识是人的潜能之库。
  2007 年 9 月谈潜意识的价值

● 有形易控，无形难驭。
  2017 年 6 月谈无形最危险

● 人的奇特性在于物质支撑精神，精神支配物质。
  2004 年 5 月谈人生

● 人，一半是自然，一半是社会。
  2013 年 6 月于芬兰学习时谈人有双性天经地义

● 人的伟大在于跨界了自然和社会、精神和物质。
  2013 年 6 月于芬兰学习时谈人有双性天经地义

● 无论是人生、家族、民族，用精神置换物质，用理想置换现实，行方远。
  2016 年 11 月与青年职工对话

● 人既是生产力，又是生产关系；既是政治主体，又是经济主体。

2015 年 11 月谈人的万能性

● 心力何以强？人心纳万物。
2018 年 10 月读王阳明心学所感

● 心力是思想能和知识能付诸实施的驱力。
2008 年 11 月谈情商

● 人心是唯物辩证法的原点。
2011 年 11 月谈人的行为万事由心发

● 精神可以激活能力。
2007 年 10 月对历史上成功者的思考

● 精神是人生的核动力。
2003 年 10 月谈人的特殊性在于精神性

● 真正的年轻不属于物质而属于精神。
2003 年 10 月谈塞缪尔·厄尔曼的《年轻》

● 将帅不振，三军无气。
2007 年 10 月对历史上成功者的思考

● 振奋才有正能量。
2012 年 6 月谈有正能量就无绝人之路

● 振奋的精神可以释放无穷的力气，又不能把精神混同于力气。
2005 年 9 月谈辩证法

● 格局与情商成正比。
2017 年 4 月谈做事做人

● 情商是主体驾驭客体的情感定力。
2018 年 7 月谈事业与情商

- 情商是理智加持的情感。
  2018 年 7 月谈事业与情商

- 自觉知、自约束、自激励、同理心、感化人是情商之根。
  2018 年 7 月读丹尼尔·戈尔曼《情商》所感

- 情商是土壤，智商是种子。
  2008 年 11 月谈情商

- 情商是元帅，智商是将军。
  2005 年夏谈情商

- 舍得是最高的情商。
  2016 年 9 月谈舍脸、舍财、舍命则事事可成

- 情商比智商更有利于事业和健康。
  2018 年 9 月谈情商

- 情商决定格局，智商决定技术。
  2017 年 5 月为企业授课

- 情商与阅历、历练、挫折成正比。
  2005 年春谈情商来自修炼，智商来自先天

- 自我降调，情商即到。
  2016 年 9 月谈修养

- 情商是走向成功的首选资本。
  2018 年 7 月谈第一代企业创业者靠情商

- 情绪是巨大能量，左右着行为力度与方向。
  2011 年 10 月谈自戒

- 情绪是身体、家庭、事业的第一风水。
  2005 年春谈情绪是形影不离的第一风水

- 好心情是好人生的动力。
  2005 年春谈抱怨、消极，消耗能量

- 事业成功的人都是理想主义占主导的人。
  2004 年 5 月谈人生

- 人生吉星与好心情孪生。
  1989 年春在中共山东省委党校学习时谈心情好的价值

- 先调心情，再做事情。
  1989 年春在中共山东省委党校学习时谈情绪

- 用乐观对待未知是大智。
  2005 年春谈抱怨、消极，消耗能量

- 喜怒哀乐不可能没有，但不能久守。
  2005 年 2 月谈怨气伤身，宜解不宜积

- 仁者无敌，善者长寿。
  2015 年 10 月谈仁善者愉悦，愉悦可以使生理机制处于最佳
  状态

- 暴喜暴怒，理智全去。
  1999 年秋在山东大学读博时自警

- 踱步释怒。
  1996 年冬在山东大学读《黄帝内经》有感

- 饥饿和愤怒都会使人疯狂。
  2006 年 8 月谈要善于控制自己或他人的情绪

- 冲动，约等于错误。
  2006 年春谈情绪的副作用

- 恕者乐，忍者痛。
  2019 年 3 月谈孔子的"恕"道养德、养事、养生

- 平静是一种自制的情商。
  2012 年 4 月谈平静出艺术

- 放肆抑智，抑智祸起。
  1989 年春在中共山东省委党校学习时谈纵情必败，克己
  多胜

- 无顾忌就会走向反面。
  2014 年 11 月谈情商

- 英，智也；雄，勇也。智勇方英雄。
  2000 年秋谈英雄的本义

- 感谢让你冷静的人，警惕让你兴奋的人。
  2017 年 7 月谈冷了清醒，热了兴奋

- 激情是知行合一的驱力。
  2018 年 1 月谈激情的价值

- 耐挫折是重要的情商。
  2013 年 8 月谈工作

- 意志是最高的素质。
  1996 年春于山东大学读博时谈情商

- 意志需要策略去实现，策略需要智慧去产生。
  2000 年秋谈智勇关系

- 心力不衰，地清天蓝。
  2004 年 6 月与老领导通信中的观点

- 认同、价值观、使命是心力之源泉。
  2023 年 4 月谈心力之源

二、
榜样是自塑的模特

- 信仰是人的第一力量。
  2017 年 9 月谈信仰

- 崇拜是信仰的形象化。
  2014 年 10 月谈信仰形象化有利于坚定信仰

- 见贤思齐，加速成器。
  1989 年秋在山东省委党校学习时对群体意识的思考

- 少儿学规范，少年学模范。
  2007 年 10 月谈青少年教育

- 标杆启迪人生，朋友影响人生。
  1996 年秋在山东大学读博时谈参照系影响作为

- 楷模影响人生的方向、动力与价值。
  2014 年 10 月谈信仰

- 始于楷模而立志是人才成长的重要轨迹。
  2014 年 10 月谈信仰

- 楷模是青少年立志的启明星。
  2014 年 10 月谈崇拜心是人生价值观的初显

- 引导孩子立志是家长、教师的首职。
  2018 年 12 月谈志笃而行随

- 楷模是价值观的初现。
  2016 年春谈楷模对人生的意义

- 价值观是对人生境界的定位或认同。

2008 年 10 月在中央党校学习时谈价值观

● 价值趋向影响行为选择。
  2001 年春在中共山东省委党校学习时谈价值观是支配人生的
  无形的手

● 价值观驱心，方法论启智。
  2005 年春谈价值观的意义

● 价值观和理想是人生的心灯。
  2005 年春谈价值观是人生的导向

● 价值观是动机，方法论是工具。
  2005 年春谈价值观是人生的导向

● 纬度与境界、能量成正比。
  2017 年 6 月谈俯瞰才能识全局，势能来自高度

● 事业的持久动力是意义。
  2009 年 10 月谈事业动力

● 事业意义与惠及人群的数量成正比。
  2009 年 10 月谈事业动力

● 价值不朽是人生的最高追求。
  2009 年 9 月读《传习录》而感

三、
使命是个人或领袖为人生或组织设计的
社会角色及角色价值

● 追求生理需求之上的意义才成其为人。

2023 年 10 月与企业家交谈

- 消费时间的方式不同，人生的价值不同。
  2000 年冬对人生的思考

- 最大的悲哀是无价值地消耗生命。
  2004 年 5 月谈人生

- 人人都有一本人生账簿，记录者的身份与你的正负价值成正比，不以你的个人意志而转移。
  2005 年春谈人生是一本历史，是一个账簿，子孙、社会一定会为你圈点、盘点

- 人最大的后悔是时间来不及了。
  2004 年 8 月谈时间的意义

- 使命是对人生社会价值的定位。
  2003 年谈使命

- 使命的价值在于对内唤起心灵，对外感召社会。
  2003 年谈人生使命

- 社会角色与发挥潜能成正比。
  2000 年秋谈角色与潜能的关系

- 境界影响目标，目标影响行为。
  1995 年春对大学生活的回忆

- 用钱方向乃窥人之窗。
  2017 年 6 月谈民企老板

- 过度追求物质，加速道德、智力、体力退化。
  2009 年 9 月谈人仅有物质永远不会有高度

- 使命一旦形成，一切都是实现使命的条件。
  2016 年 6 月谈命为志存、以命许志是完成使命的最高境界

- 知识 30 年、智力 30 年、智慧 30 年是人生的三级接力。
  2016 年 9 月谈人生不同阶段有不同的价值辉煌

- 只有看到不变的东西，人生才有方向。
  2018 年 6 月谈看到不变方有定力

- 大向不变，过程微变是宇宙乃至万物的运行法则。
  2020 年 5 月谈宇宙存在着相对永恒

- 从时间里淘金成本最低。
  2000 年冬对人生的思考

- 时间是弹性蓄电池，塞进去的努力越多，能量越大。
  2000 年冬对人生的思考

- 为理想透支时间往往大器早成。
  1988 年秋谈平民奋斗

- 什么年龄做什么事，更容易成事。
  2000 年 5 月在山东大学读博时谈巧用年龄段

- 时代是社会与自然之众力在正反合演进中形成的对历史予以修正的社会潮流期。
  2020 年 12 月谈时代

- 自主的时间、空间与自由成正比。
  2000 年 11 月谈追求自由是人的本性

- 自由既是人类发展的目标，又是人类发展的手段。
  2013 年 7 月谈自由的价值

- 生产资料决定生产、生活的自由度。
  2013 年 7 月谈生产资料对自由的价值

- 义务派生责任。
  2015 年 11 月谈人生来就有义务，所以有责任

- 委屈的过程是素质提升的过程。
  2017 年 2 月谈修炼

- 在逆境中升华才能伟大。
  2017 年 2 月谈逆境是人生的十字路

- 既要讲时运，因时而运；又要讲事运，因事而运。
  2016 年 10 月谈事运可以弥补时运

- 人生价值是纵横多变量的方程。
  2019 年 11 月谈人生偶然大于必然

- 格局决定方向，细节决定成败，格局影响细节。
  2019 年 11 月谈格局即因格成局

- 志向是事业的火种，命运是事业的天象。
  2020 年 12 月谈奋斗在人，成事在天，天力大于人力

- 盯住辉煌的目标就会忘记过程的痛苦。
  2004 年 5 月谈崇拜心、使命感是重要的精神源

四、
思想革命和技术革命是社会进步的导火索

- 思想者和设计师是最高级的精神贵族。
  2016 年 12 月谈精神贵族

- 思想是经营人生的货币。
  2012 年 8 月谈思想的价值

- 思想是可持续的能量。

2017 年 4 月谈重视思想能量

● 思想深度预示着事业前途。
2000 年冬谈思想的价值

● 思想见解与发展潜能成正比。
1988 年秋在中共山东省委党校学习时对领导科学的思考

● 观念生产、观念传播、观念物化是人类的特性。
1999 年秋在山东大学读博时谈人的奇特性

● 思想自由和人身自由是解放和发展生产力的前提。
2011 年对中国历史的思考

● 新思想、新文化、新技术是新社会的前奏。
2001 年春在中共山东省委党校学习时对社会变革的思考

● 深思是最好的导师。
2016 年 10 月谈善思才能善事

● 悟性是一种穿透力，是人的高级灵性。
2017 年 8 月谈悟者是智者

● 五官的感觉都是片面的。
1996 年冬在山东大学读博时谈认识事物很难一蹴而就

● 抽象才能把握事物的本质。
2020 年 5 月谈从表象中抽象才能看到事物的本质

● 人一旦类似于机器人就失去了人的价值。
2018 年 10 月谈独立思考是人必具的权利

● 文化教养、敢于担当、思想独立、财务自由是君子或贵族精神的支柱。
2020 年 10 月谈君子或贵族精神

- 争鸣是春秋战国、古希腊、古罗马人类黄金思想得以喷涌的机制。

  2001 年秋在中共山东省委党校学习时谈人类社会的思想发展

- 先进的知识分子是先进文化的启明星。

  2001 年春在中共山东省委党校学习时对社会变革的思考

- 哲学革命和思想革命是人类解放的精神火炬。

  2001 年 5 月在中共山东省委党校学习时谈哲学的力量

- 思想、制度、技术，共同推动着历史前进。

  2001 年 3 月在中共山东省委党校学习时谈世界观与方法论的价值

- 新思想是推动人类进步的核动力。

  2006 年秋谈思想禁锢之害

- 思想与文化是政治的春雨。

  1998 年春在中共山东省委党校学习时读《中外思想史》有感

- 思想是制度与技术的源泉。

  2012 年 1 月对思想力的思考

- 精神富有、财产清正者刚。

  2020 年 2 月谈知识分子

- 理论清醒才能眼界开阔、意志坚强。

  2004 年 5 月谈学理论

- 思想观念对社会的影响更持久。

  1998 年秋在中共山东省委党校学习时谈思想力

- 正确的理念是软黄金。

  1996 年春谈观点的价值

- 方法是实现动机的保证。

2023 年 10 月谈只有动机没有方法达不到爱的初衷

- 成功的变革需要观念力、政治力、生产力共同驱动。
  2000 年秋谈改革要综合用力

- 激活民众的制度才是推动历史飞跃的制度。
  2016 年 12 月谈历史上的几次大改革

- 政治路线是能否释放民力的总闸门。
  2016 年 12 月谈历史上的几次大改革

五、
历史在反思中前进

- 善于反思是一切优秀组织和个人进化的阶梯。
  2020 年春谈反思是进化的思想条件

- 反思是人格的医生。
  2008 年 8 月在中央党校学习时谈反思是修养的自我雕刀

- 反省是反骄、补短的神药。
  2020 年春对苏格拉底"没有反思的人生不值得过"之名言
  有感

- 反思才能扎实地前进。
  2020 年春对苏格拉底"没有反思的人生不值得过"之名言
  有感

- 反思与进步成正比。
  2020 年春对苏格拉底"没有反思的人生不值得过"之名言
  有感

- 在进化中吸收历史养分符合正反合规律。

  2007 年 11 月对产品研发和生活习惯复古的思考

- 历史在反思与积淀中进化是必然的规律。

  2008 年 8 月在中央党校学习时谈历史前进有惯性

- 思想反思与财富积淀是人类进步的两大基石。

  2008 年 8 月在中央党校学习时谈历史前进的惯性

- 用历史进化的现实指责历史是反唯物论的。

  2008 年 12 月在中央党校学习时谈不可用历史的今天否定历
史的昨天

- 从人格、动机评价历史人物是反历史的，不客观的。

  2014 年 10 月谈评价历史人物要看其当时的社会价值

- 循环之中有进化，进化之中有循环。

  2007 年 11 月谈产品研发和生活习惯可以适度复古

- 实践是暴露缺点、发现经验的过程。

  1992 年春谈实践的价值在于反馈

- 反馈是成功之母。

  2023 年 4 月谈实践、反馈、修正、成功

- 经验和教训都是人类自我完善的雕刀。

  2008 年 11 月在中央党校学习时认为经验、教训是前进的矫正器

- 经验是原理的重要源泉。

  2008 年 11 月在中央党校学习时谈许多规律是对经验的总结

- 反思包括总结经验、修正错误。

  2008 年 12 月在中央党校学习时谈思想解放

- 在完善中坚持才是正确的坚持。

  2008 年 1 月谈一成不变的继承者不是优秀的继承者

- 继承是开拓的前提。

  1994 年春谈继承与开拓

- 完善是最好的旗帜。

  1986 年秋为企业培训时谈企业改革

- 没有今天的付出者就没有明天的胜利者。

  2000 年秋谈善待付出者

- 螺旋式上升的过程是重新拾回历史精华的过程。

  2010 年 2 月谈改革

六、
理论是炮火不能替代的

- 理论对内，炮火对外。

  1997 年春在山东大学读博时为司法系统干部班培训

- 炮火杀人，舆论攻心。

  2006 年 10 月谈舆论工作

- 真正的忠诚需要理论认同。

  2001 年春在中共山东省委党校学习时谈政治认同需要理论体系

- 理论重于炮火。

  2013 年 12 月谈毛泽东的《论持久战》是在炮火连天的环境下形成的思想"火力"

- 一切靠实践检验，潜伏着高成本风险。

  2000 年春在山东大学读博时谈应该用逻辑指导实践

- 舆论可以引爆革命。
  2010 年 8 月在新华社记者研讨会上的发言

- 理论家是政治家的参照系。
  2008 年 9 月在中央党校学习时谈正义的理论家不以政治为前提，理论家对开明的政治家具有约束力

- 先秦儒学儆官励民，后儒学护官愚民。
  1997 年 12 月在山东大学读博时谈新旧儒学

- 逻辑是科学的生命。
  2000 年春在山东大学读博时谈科学是逻辑的产物

- 聚心、教化、监督是媒体对内的三大功能。
  2005 年秋谈宣传工作

- 信息干预是舆论的重要职能。
  2014 年 2 月谈信息干预

- 王道无近功，尽在默化中。
  2008 年 8 月谈教化

- 与时俱进、与世俱进才能与时代共舞。
  2000 年 2 月撰写的理论文章之观点

七、
截然相反的事物，一旦跨界统一，将产生伟大的新事物

- 水火相容，生命无穷。
  1988 年 12 月在中共山东省委党校学习时谈万物离不开水与火

- 截然对立的事物直接接触两败俱伤，间接接触合成新能量。

  1988 年 12 月在中共山东省委党校学习时谈直接与间接

- 对抗、制衡可激活智慧。

  2021 年 6 月给凌云集团授课

- 为了两端寻求中间是中庸方法论。

  1988 年 12 月在中共山东省委党校学习时谈中庸是促进事物融合的方法论

- 依靠中间或介质才能转化能量。

  1988 年 12 月在中共山东省委党校学习时谈利用中间力量推动事物能量转化

- 没有对立就构不成事物整体。

  2019 年 7 月谈任何事物的整体都是由对立双方构成的

- 任何领域永远存在着相克相生的二元。

  2019 年 7 月谈任何事物的整体都是由对立双方构成的

- 有主次、有先后、有过程、有转化、有统一是辩证法区别于诡辩论的本质。

  2007 年 8 月谈辩证法不是诡辩论

- 本质属性决定事物特性。

  2007 年 8 月谈不从本质属性界定事物性质很难正确区分事物

- 主要矛盾对事物的影响持久，次要矛盾对事物的影响短暂。

  2007 年 8 月谈主要矛盾

- 辩证才是大智慧。

  2007 年 8 月谈哲学的力量

- 交替是持续发展的方法论。

  2013 年 10 月谈万物皆以交替方式存在、发展

- 好事集中享受必痛苦，分期享受才幸福。

  2008 年 2 月谈乐事有度

- 交替做事才高效。

  2013 年 10 月谈方法论

- 历史唯物论必然是交替发展论。

  2001 年冬在中共山东省委党校学习时谈对历史进程因素的思考

- 阴阳缺一，难以为继。

  2001 年冬在中共山东省委党校学习时谈对单阳不成、单阴不
  生的思考

- 一切平衡表现为过程平衡。

  2008 年 9 月在中央党校学习时谈阴阳统一

- 阴阳交替是事物发展的轨迹。

  2008 年 9 月在中央党校学习时谈事物发展的规律是平衡与不
  平衡交替转换的规律

- 阴阳互动，事事可成。

  2004 年谈辩证法

- 越是高级的事物其复合成分越复杂。

  1997 年 4 月谈单一即低级，有机才高级

- 纯而又纯的事物都将在退化中灭绝。

  2000 年春在山东大学读博时谈一切事物都在变异和进化中衍生

- 制衡是有效运动的前提。

  1996 年秋谈制约者是让你固德启智的功臣

- 互动的广度、深度、高度决定有机体的质量。

  1997 年 4 月谈单一即低级，有机才高级

- 互链生成系统，系统放大能量。

1997 年 4 月谈单一即低级，有机才高级

- 矛盾的双方都以对方的存在而有价值。
  2000 年 2 月在山东大学读博时谈事物价值在矛盾中彰显

- 矛与盾的消长推动事物演进。
  2018 年 6 月谈矛盾动力说

- 不断破解矛盾或冲突，工作、事业、人生才可持续。
  2018 年 6 月谈矛盾动力说

八、
正反合是一切事物存在、发展、升华的规律

- "三" 是一个周期。
  1997 年 4 月谈 3 是圆周率的近似，也是正反合 3 个节点

- 反馈是认知的罗盘。
  2018 年 4 月谈实践的伟大意义在于反馈

- 遇事不顺之时恰是思路升华之契机。
  2009 年 10 月谈乐观地看待受阻

- 组织一旦失去反馈就意味着死亡。
  2009 年 10 月谈神经体系的功能即反馈

- 无为而治的逻辑是反馈机制。
  2006 年 6 月谈反馈产生激励或惩戒

- 正反合是自演进规律，万物升华无需救世主。
  2009 年 10 月谈事物升华是必然的趋势

- 五百年必有王者出符合正反合历史规律。
  2008 年 8 月在中央党校学习时谈大人物因历史积淀而生

- 世上无难事，只要肯实践。
  2020 年 7 月谈有实践就有反馈

- 历史发展无须杞人忧天，正反合规律会自动纠偏。
  2016 年 10 月谈正反合是无形的手

- 事物过程一分为三，事物终极一分为二。
  1992 年冬对事物演化进程的分析

- 二维的问题用三维力解决就会迎刃而解。
  2018 年 6 月谈矛强于盾才能解决矛盾

- 间接就是战略。
  1996 年春给山东省烟台市企业经理培训

- 间接用力更持久。
  1985 年夏对领导科学的思考

- 观察、比较、反证、排除，都是优选法。
  2000 年春为鲁电变压器厂培训

- 反证是印证的最快方式。
  2000 年春为鲁电变压器厂培训

- 积累是质变的方式或介质。
  1996 年冬在山东大学读博时谈人生没有积累就没有飞跃

- 实事求是应该兼顾真善美。
  2001 年 4 月在中共山东省委党校学习时谈把实事求是仅理解为务实，会贻害无穷

- 任何一项正统的东西必生负功。
  2009 年 10 月谈倡导一种主流风尚时，必然出现类似主流风

尚的流弊

● 　要防止因倡利而生弊。
2009 年 10 月谈历史上举 "孝廉" 之制时久生弊

九、
有关联才有矛盾，从矛盾的相对方想事、做事，更容易成事

● 　系统是万物的存在方式。
2020 年 4 月谈任何事物无论其内在还是外在均以系统的方式存在

● 　让对方理性是解决矛盾的高手。
2016 年 9 月谈工作方法

● 　唤起他人觉悟的能力才是最高超的能力。
2016 年 9 月谈人一旦自觉、自省则力量无穷

● 　立足相对方才能唤起相对方。
2016 年 9 月谈立足于相对方，工作方顺畅

● 　从反面入手，有时更易达到正面的效果。
2000 年冬读《道德经》有感

● 　从弱做起、从小做起、从软做起、从相对方做起是《道德经》的精髓。
2015 年 12 月谈《道德经》

● 　为了目的而强调手段更智慧。
2010 年 10 月谈工作方法

- 兼顾相对方利益才能生生不息。

  1996 年冬在山东大学读博时读《道德经》有感

十、
生产方式是社会文明的本质标志

- 利用能源的方式决定着人类的生产方式和生活方式。

  2013 年 4 月谈能源革命的意义

- 动力和能量是一切学问的原点。

  2017 年 2 月谈打造科技神宁

- 文明不在于生产什么，而是怎样生产。

  2003 年春接受《大众日报》记者采访

- 社会文明是生产力、生产关系和生产方式共同作用的结果。

  2006 年 4 月对社会变革的思考

- 生产关系可以四两拨千斤。

  2001 年冬在中共山东省委党校学习时对制度的思考

- 政府是气候，企业是种子。

  2003 年春谈生产关系是气候，生产力是种子

- 生产关系是生产力发展的空间。

  2001 年冬在中共山东省委党校学习时对制度的思考

- 生产力突破生产关系需要一个漫长的过程。

  2006 年 3 月谈生产力渐进，生产关系可能激进

- 未介入生产关系的生产力仅仅是潜在的生产力。

2001 年春在中共山东省委党校学习时对政治经济学的思考

- 政府是生产关系，民众是生产力。
  2006 年冬谈制度的重心是释放群众能量

- 生产方式是生产要素与生产关系配置的方式。
  1997 年秋谈生产方式决定生产效率

- 劳动的文明程度是社会进步的晴雨表。
  2000 年秋对农业机械化的思考

- 生产方式是社会进步与落后的综合标志。
  2003 年春接受《大众日报》记者采访

- 分布式的生产、生活、政治、经济、文化、社会是人类文明发展的必然。
  2017 年 6 月谈技术文明、制度文明都能推动社会文明

十一、
唯物论使你脚踏实地，辩证法让你智慧无穷

- 信仰人民大众是彻底的历史唯物主义。
  2001 年 2 月在中共山东省委党校学习时谈唯物论和辩证法

- 大的主见和行动都是建立在世界观和方法论基础之上的。
  2001 年 3 月在中共山东省委党校学习时谈世界观与方法论的价值

- 智慧就是善于把握事物之间的联系。
  1984 年春在山东师范大学读本科时谈智慧的本质

- 创造条件促进事物跨类融合是最高级的智慧。

  2015 年 10 月谈促进事物跨界

- 链接生成系统，系统放大能量。

  2015 年 10 月谈万物的能量放大必须借助聚集而形成的系统或组织

- 感性、理性、悟性是认识的周期。

  1984 年春在山东师范大学读本科时读《实践论》《矛盾论》所感

- 悟性的产物才是自己的。

  1995 年春谈"吾心谓悟"

- 悟是理性与感性的统一。

  1995 年春谈"吾心谓悟"

- 善思善悟加速人的成熟。

  1995 年春谈"吾心谓悟"

- 善悟方可善谋。

  1995 年春谈"吾心谓悟"

- 思维是智慧的纺车。

  1996 年秋在山东大学读博时为山东电力集团培训

- 智慧使人成为万物之灵。

  1984 年春在山东师范大学读本科时谈人

- 物质是意识的实化，意识是物质的抽象。

  2018 年 12 月谈物质与意识是硬币的两面

- 意识是微物质。

  2022 年 12 月谈量子

- 事物都是因果相应。

  2005 年冬对西部地貌与矿产关系的思考

- 辩证即互因互果。

  2019 年 2 月读《道德经》所感

- 完整真理的另一半在对立面。

  2020 年 10 月谈矛盾的单方道理不全是真理

- 今天的偶然都是昨天的必然。

  2017 年 5 月谈一切偶然都是对必然之因的无知和不觉

- 事物在不同时期有不同的关键变量。

  2000 年春谈事物的主要矛盾因时而生，因时而变

- 当量变积累到绝对优势时事物质变将加速。

  2013 年 6 月谈对事物或生命现象的认知

- 质变是惊险的跨越。

  1996 年冬在山东大学读博时谈质变是新物质的生成，过程是惊险的

- 量变决定质变，关键在加速质变。

  2018 年 7 月谈偶然会加速必然

- 普遍性结果必有模式化的原因。

  2008 年 11 月在井冈山干部学院学习时对体制改革的思考

- 同类必有共性。

  2007 年 11 月对不同种族的思考

- 规律在数理之中。

  2002 年秋谈曲线上的每个点都是数

- 大数据是金库。

  2012 年 8 月谈曲线上的每个点都是数

- 概率取决于条件的密度。

  2020 年 2 月谈阴阳二分的概率最大

- 《周易》中的数就是量。

  2008 年 3 月谈《周易》中的数理观是唯物的

- 高价值的东西往往潜藏在内层。

  1999 年秋在山东大学读博时谈事物的价值与获取成本成正比

- 结果是过程的回报。

  2013 年 12 月谈结果与过程的关系

- 过程就是量变。

  2013 年 12 月谈用过程正确来确保结果正确

- 世间没有即播即收的好事。

  2014 年 11 月谈付出和获得必有过程

- 理想想，审慎干，与时变，是稻盛和夫的成功之道。

  2017 年 2 月读稻盛和夫哲学有感

- 常态下时间是考验事物质量的唯一尺度。

  1999 年在山东大学读博时的感悟

- 细致才能优质。

  2022 年 9 月创作《五德家训》谈物致精，工勿急，事欲美，美于细

- 组织、社会等任何系统若偏执其一，必伤整体。

  2016 年 9 月谈企业管理要兼顾系统诸要素

- 纵向积量和横向幅量皆是量变。

  2016 年 9 月谈量变的范畴

- 反之与柔之乃道之魂。

  2016 年 8 月谈《道德经》

- 道，最大的功能是纠偏。

  2020 年 6 月谈"反者道之动"

- 道省心，术费力。
  2016 年 8 月谈柔、和为道，刚、斗为术

- 减少利益可避免大弊。
  2016 年 9 月谈万事中庸，功德无穷

- 中庸非高效之策却是长久之计。
  2016 年 9 月谈《中庸》

- 凡事唯、至、极就是弊。
  2016 年 10 月谈《中庸》

- 中庸是避免物极必反的方法论。
  2007 年谈中庸是物极必反的唯一克星

- 不处极端则事正人和、长治久安。
  2007 年秋谈中庸是物极必反的唯一克星

- 生命在于平衡，平衡在于中庸。
  2007 年秋谈中庸是物极必反的唯一克星

- 对立痛苦，统一幸福。
  2010 年春谈发自内心的中庸是幸福的

- 以和为终的心与行谓中庸。
  2007 年秋谈不以对立之心之行对人对事是中庸的本质

- 中庸是对立统一的方法论。
  2007 年秋谈中庸是防止物极必反、剧烈震荡的方法论

- 以和为终，适度自生。
  2007 年秋谈中庸是防止物极必反、剧烈震荡的方法论

- 中庸并非没有波澜而是波幅适中。
  2007 年秋谈中庸是防止物极必反、剧烈震荡的方法论

- 事无对错，成败在度。
  2007 年秋谈度是成败的大智慧

- 心平之时，中道之际。
  2020 年 7 月谈中庸的路径

- 阴阳是天道，中庸是人道。
  2013 年 6 月谈中庸

- 万事阴阳一体，不可执一。
  2013 年 6 月谈中庸是天理

- 没有对错，只有合理。
  2013 年 8 月谈合理就是适中

- 中庸无常势定法，因时空"允执阙中"。
  2013 年 8 月谈中庸是智慧，无常势定法

- 既要又要，兼顾阴阳，方生中道。
  2016 年 10 月谈中道才是大道

- 事欲通畅，兼顾阴阳。
  2016 年 11 月谈《中庸》

- 阴阳中和，必有新生。
  2016 年 11 月谈阴阳中和

- 阴阳中和产生新质力，是第三形态力。
  2016 年 11 月谈中和力强于阴阳单一力

- 驱力、制力是形成秩序的二元力，不可缺一。
  2016 年 12 月谈万物因对方存在而有价值

- 积累决定事物的质与量。
  2016 年 12 月谈万物阴阳合力才有价值

- 共性决定趋势，个性决定质量。

  2016 年 12 月谈万物阴阳合力才有价值

- 结构是能量秘密。

  2016 年 12 月谈万物阴阳合力才有价值

- 鼓励可激发人生阳气。

  2016 年 12 月谈鼓励是低成本的动力

创造的价值大小取决于利用自然、利用社会的方式

D

一、
宇宙是第一造物力

- 力量是秩序之手。
  2020 年 7 月谈能量决定一切

- 宇宙秩序是力量竞争的定势。
  2007 年 11 月谈能量决定一切

- 宇宙规律是一切自然规律的本源。
  2007 年 11 月对人与天、地关系的思考

- 宇宙和人心是人类的两大终极秘密。
  2007 年 11 月谈要敬畏宇宙和人心

- 物力支配宇宙，智力支配社会。
  2016 年 12 月谈人在宇宙、社会面前很渺小

- 智慧只能利用规律而无力创造规律。
  2007 年 11 月对人与天、地关系的思考

- 敬宇宙，法天地是人类永恒的主题。
  2019 年 2 月读《道德经》所感

- 时空是人、事、物的最大变量。
  2016 年 12 月谈时空制宜是最大的辩证法

- 在宇宙的时空中思与想，人心就会平静。
  2007 年 11 月对人与天、地关系的思考

- 在共性条件下个性决定能否生存或成功。
  2018 年 7 月谈宇宙和历史潮流只创造共性

- 一切生命都是能量不断转换、循环的过程。
  2010 年 10 月谈生物现象

- 圆或椭圆或许是万物的基态。
  2020 年谈对称态和圆态可能是万物微观的基态

- 圆则无界。
  2020 年 10 月谈圆是万物运动的方式

- 周期性循环或轮回才能实现大均衡、大公平。
  2020 年 10 月谈地球以周期运转而普惠生物，历史潮流亦然

- 太阳系的物质都以太阳的能量为转移。
  2008 年 10 月在中央党校学习时听生命科学讲座有感

- 奇特地貌必有奇特资源。
  2005 年冬对西部地区的思考

- 海水之成分是人类可持续的宝库。
  2011 年 9 月谈人类面对七分海三分陆

- 大均衡是天道。
  2000 年春在山东大学读博时谈万事万物趋于平衡是自然属性

- 损有余补不足既是社会规律，也是自然规律。
  2008 年 9 月在中央党校学习时谈自然规律

- 大自然最终要征服小自然。
  2004 年 10 月谈物质的质量决定物质的能量

- 大自然禀赋诱导生物行为。
  2003 年 7 月考察苏杭后的报告

- 生态决定生物，生物影响生态。
  2008 年 1 月谈在生态环境不佳的地方用生态转型带动产业转型、民生转型

- 智慧的最高境界是利用自然力。
  2010 年 7 月谈科技的方向

- 人类将进入返璞归真和遵循、利用自然能量的新时代。
  2011 年 12 月谈人类行为的否定之否定规律

- 太阳能、风能、海能是人类取之不竭的自然能量。
  2007 年 11 月参观美国航天馆时的思考

- 宇宙中的电磁、空气都是无限的资源。
  2013 年 6 月于芬兰学习时谈电磁和空气的价值

- 气候是独特的资源。
  2015 年 11 月谈资源无处不在

- 自然造化的事物最美最和谐。
  2008 年 9 月在中央党校学习时谈自然的奇妙性

- 天然与自然是培育事物的最佳环境。
  1999 年秋在山东大学读博时谈自然性的意义

- 事物越高贵越脆弱。
  2020 年 6 月谈法自然者坚强

- 新陈代谢是活力之源。
  1999 年秋在山东大学读博时谈新陈代谢是天律

二、
天一、地二、人三是大规律

- 宇宙、社会、个人是落差巨大的能量序。

2007 年 11 月在美国学习时的思考

- 自然、经济、社会、政治四大规律是矛盾的，自然规律第一。
  2007 年 11 月在美国学习时的思考

- 在自然状态下生命体向益己进化。
  1999 年秋在山东大学读博时谈自然性的意义

- 生物是最美的造化。
  2017 年 6 月谈生物美

- 生态，即人类赖以生存的天和地。
  2008 年 1 月谈生态、生产、生活协调发展

- 气候变异或许是太阳系围绕银河系旋转所致。
  2008 年 1 月谈地球发生毁灭性气候的原因

- 科学和艺术的最高境界是仿生。
  1996 年春在山东大学读博时对科技现象的思考

- 保护生命和仿生是科学技术的使命。
  1996 年春在山东大学读博时对科技现象的思考

- 择优质水源而居是健康的第一条件。
  2001 年 2 月在中共山东省委党校学习时谈择居

- 财富短暂，山水万年。
  2013 年 6 月谈产业

- 对生命而言纵有钱万贯不如二亩田。
  2010 年 5 月谈农业是人类生命的基石

- 天人感应既是信息科学又是生态科学。
  2007 年 11 月对汉代董仲舒"天人感应"论的再认识

- 生物之间有相通的规律。

2004 年 5 月谈生命体

- 顺其自然即接近规律。
  2002 年秋为山东农业大学干部培训

- 自然规律即自调节规律。
  2006 年 6 月对自然规律本质的认识

- 借天势和借人力是至高的智慧。
  2006 年谈顺天循人是大智

- 天异，地必异。
  2008 年 5 月谈地震与宇宙的关系

- 植物链和动物链都是天然的良性循环的生物链。
  2007 年 11 月对人与天、地关系的思考

- 动植物摄入的质量决定其产出的质量。
  2001 年 4 月在中共山东省委党校学习时谈摄入决定产出

- 养分相同条件下产量与质量成反比。
  2008 年 10 月在中央党校中青班学习时谈物质守恒

- 生态环境是人类的襁褓。
  2007 年 11 月谈生态是国家和地区未来的核心竞争力

- 人是一个有机、完整、神秘的小"天体"。
  2008 年 11 月谈人为何生者亲，亡者畏

- 天有气象，人有体候。
  2010 年 7 月谈人是小自然体

- 生命在于平衡。
  1992 年冬谈运动不平衡不利于健康

- 环境催生或弱化能力。
  2007 年 11 月对语言环境的感悟

- 净化环境可以净化人们的行为。
  1996 年秋在山东大学读博时谈环境影响心态和胸怀

- 高雅的环境催生高雅的行为。
  2001 年 2 月在中共山东省委党校学习时谈人与环境互化

- 音乐导人心。
  2016 年 9 月谈音乐功能

- 轻音乐柔化心灵舒缓情绪。
  1999 年秋在山东大学读博时谈人群会聚的地方有轻音乐有利
  于和谐

- 豪迈的鼓乐有助于冲锋陷阵。
  1999 年秋在山东大学读博时再谈文化导心

- 文化的靶向是心灵。
  1999 年秋在山东大学读博时再谈文化导心

- 环境体验极易触及心灵。
  1987 年春对领导科学的思考

- 体验困苦有利于巩固善良。
  2007 年 5 月感悟人生

- 氛围和仪式可营造场的势能。
  2017 年 5 月谈文化氛围可固化行为

- 体力劳苦有益健康，心境困苦生命不长。
  2006 年 11 月谈身心健康

- 体力劳动既养心又养体。
  2006 年 11 月谈身心健康

- 劳力比劳心更有利于心智健全。
  2006 年 11 月谈身心健康

- 肌体运动有助于生阳气、调情绪、活血脉、强筋骨。
  2006 年 11 月谈身心健康

- 运动产生阳气是运动健康的机理。
  2018 年 6 月谈阳气是气化生命的能量

- 肌体运动是身体新陈代谢的动力。
  2018 年 8 月谈运动是生化的原动力

- 有机体越用越利于增强其功能。
  2008 年 9 月在中央党校学习时晨练有感

- 体气互生，智神并蒂。
  2000 年春在山东大学读博时对人的气质与体质、知识之关系的思考

- 心苦乃真苦，辛苦则非苦。
  2006 年 11 月谈人生与事业健康

- 精神可以激活生理。
  2018 年 8 月谈灵魂即精神

- 疾病是一面心灵的镜子。
  2017 年 5 月谈疾病与心理直接相关

- 精神衰退则一切衰变。
  2020 年谈精神即灵魂

- 精神可能是生物电波发出的能量。
  2012 年 12 月谈精神是微物质形态

- 精神垮，灵魂飞，精神即灵魂。
  2013 年 6 月于芬兰考察时谈很多人被疾病吓死

- 奋斗式幸福使人升华，安逸式幸福使人退化。
  2018 年 11 月谈精神与外在刺激成正比

- 人的本能不倡则行，不纠则纵。

  1997 年秋谈行为心理

- 安则静、危则动是基本的人性。

  1988 年秋在中共山东省委党校学习时对领导科学的思考

- 人是亲近绿色的动物。

  2011 年 4 月谈绿色养心

- 自然环境和饮食结构造就人的性格。

  2002 年秋对人的性格的分析

- 循阴阳、顺四时可借天保健。

  2001 年 2 月在中共山东省委党校学习时谈吃顺季节的食物有益于天人互补

- 人与大自然贴得越紧越长寿。

  2001 年 2 月在中共山东省委党校学习时谈人与自然

- 二十四节气是养生的坐标系。

  2009 年 3 月谈节气是统计规律

- 微微扩汗腺是最佳的保健。

  2006 年 11 月谈热量是重要的催化力

- 热量是打通脉络的催化力 。

  2019 年 2 月谈热量是物理、化学、生物重要的催化力

- 深呼吸既能屏蔽杂念又能调节气息。

  2006 年 11 月谈深呼吸养生

- 摄入、消化、平衡是健康的循环链。

  2008 年 10 月在中央党校学习时谈过分节食影响健康

- 享受代替不了生活。

  2017 年 10 月谈享受是间歇的，生活是规律的

- 时间是人给太阳、地球、月亮运转设定的阶段符号。
  2009 年 3 月谈节气是统计规律

- 愉悦和平静有利于开启智慧。
  2006 年 2 月谈精神是人的特质

- 乐观的积累量决定健康。
  2020 年 7 月谈乐观与健康

- 人的生命，昼小生，夜小死，阴阳互生。
  2007 年秋谈睡眠是养生之本

- 人之初，性本善，越老越善。
  2007 年 5 月感悟人生

- 精神调养应该成为中医的重要领域。
  2018 年 8 月谈精神疗法与中医

- 精神养生重于机械的运动养生。
  2018 年 8 月谈精神可以激活生理机制

- 替代是最好的精力转移。
  2020 年夏谈如何让当下的精力尽快转移

三、
人离开工具，能量不如飞禽走兽

- 工具的本质功能是放大能量。
  2012 年 2 月谈工具是为发力主体放大能量的载体

- 科学技术的伟大性在于工具性。
  2012 年 2 月谈人类每前进一步都是从制造和运用工具开始的

- 万物都具有工具的性质。

  2013 年 2 月谈工具意识

- 伟大的民族都是崇拜生产力的民族。

  2020 年 2 月谈工具意识

- 工具与事业成正比。

  2007 年 6 月谈善于获得和运用工具者成大业

- 组织或平台的价值在于工具性。

  2007 年 6 月谈组织是工具，而且是放大能量的工具

- 组织或平台是整合资源、放大能量的特殊工具。

  2007 年 10 月谈组织的价值

- 创造组织或平台是最大的能量。

  2017 年 6 月谈组织或平台是最大的工具

- 政党的力量在于组织体系的力量。

  2007 年 6 月谈拥有组织体系就拥有了最重要的事业资本

- 组织是权力的载体。

  2012 年 1 月谈组织系统是强大的特殊机器

- 强大的群体就是强大的工具。

  2010 年 6 月在瑞典考察时有感

- 没有平台就没有人生的杠杆。

  2017 年 6 月谈平台力是综合的杠杆力

- 平台自主，人生才能自主。

  2007 年 6 月对人事现象的观察

- 个人与组织互为工具。

  2012 年 10 月在干部会上的讲话

- 泛工具意识有利于协作、互助。

2012 年 8 月谈社会

● 安全、管用、高效、方便、廉价是工具的价值。
　　2012 年 1 月谈人要有工具意识

● 矛盾论、工具论、协同论是人生和事业的重要方法论。
　　2012 年 10 月在干部会上的讲话

● 硬工具高效，软工具持久。
　　2020 年 7 月谈软、硬工具兼具是阴阳统一

● 无论政治、经济，硬工具最简单、最高效。
　　2020 年 7 月谈硬工具最高效

● 制度是软工具。
　　2023 年 9 月为企业授课谈软工具作用力宽，硬工具作用力窄

● 找对了工具就找到了成功之路。
　　2011 年 10 月谈现代化

● 掌国必掌兵，掌政必掌刑。
　　1996 年 6 月在山东大学读博时读史所感

四、
人是社会的种子，社会是人的气候

● 万物法天，宇宙体系都是公转与自转的统一，自转跟随公转。
　　2020 年 6 月谈人和组织也应在公转的前提下自转

● 合群是动物的天性，也是人的本能。

2013 年 6 月于芬兰考察时有感

- 每一个人都生活在天、地、人大系统之中，没有绝对的自由。

  1999 年秋在山东大学读博时谈人受环境的制约

- 与大趋势共舞才能分享大趋势的红利。

  2015 年 7 月谈《庄子》劝学之理

- 善观善用大趋势者大智，巧遇巧融大趋势者大运。

  2015 年 7 月谈顺势省力

- 人的成长通道是成长速度的重要变量。

  2013 年 10 月在中欧国际工商学院 EMBA 班学习时的思考

- 小环境对人生的影响更直接。

  2000 年春于山东大学读博时谈成败与小环境直接相关

- 生存，或改造环境，或适应环境，必具其一。

  1996 年 6 月谈人要适应环境、改造环境、创造环境

- 借力者生，孤力者败。

  1989 年秋为莱西县中小学校长班培训

- 竞争，剩就是胜。

  1989 年秋为莱西县中小学校长班培训

- 任何组织、社会、市场都是人的集合体。

  2011 年 9 月谈任何制度政策都要以人为中心

- 人是剩余价值的源泉。

  1999 年秋在山东大学读博时谈团队的价值在于剩余价值

- 资源随人聚而聚，随人散而散。

  2003 年 7 月在企业家座谈会上的讲话

- 人是一切事业的纲，纲举目张。
  2011 年 9 月谈人既是万能的资源，又是万能的工具

- 大智者借脑，小智者借手。
  2020 年 8 月谈借手者众，借脑者少，境界使然

- 人群是万能的社会土壤，种瓜得瓜，种豆得豆。
  2003 年秋对群众基础的思考

- 人脉比物质更可持续。
  2010 年 8 月在深圳考察时有感

- 每个人都生活在社会网络之中。
  1989 年秋在中共山东省委党校学习时对社会现象的思考

- 互补是生物生存的规律。
  1998 年秋在山东大学读博期间与临沂真情集团交流时发言

- 万物间互利才能共生。
  2020 年 9 月谈相互服务的关系才是可持续的关系

- 人的感情在于距离，距离取决于交往频率。
  2003 年 4 月谈交往频率影响情感距离

- 感情在循环中增值。
  2018 年 10 月谈循环与增值成正比

- 与成功者交流会提升情商。
  2005 年春与企业家交流

- 与故友交往有益心理健康。
  2007 年 8 月谈人要重历史感情

- 大的行为要为三代着想。
  2013 年 6 月在芬兰考察时有感

- 三代职业各异才能延长家族兴旺的周期。

  1996 年秋在山东大学读博时为富尔达集团培训

- 婚姻是家族的战略。

  2006 年秋对家庭现象的思考

- 门当户对有助于心灵匹配。

  2014 年 5 月谈后代婚姻

- 育子是投入产出比最高的政治、经济、社会、家族事业。

  2016 年 3 月谈家业

五、
直接的上司是最近的"天"

- 机构代表人是机构的化身。

  2013 年 6 月于芬兰考察时有感

- 一把手掌控着主动权和制高点。

  2013 年 6 月于芬兰考察时谈一把手处于一夫当关之位

- 时代是大运,上司是小运。

  2018 年 6 月谈"小天时"是直接的政治环境

- 地利长在,天时不长在,大机遇取决于时代。

  2017 年 6 月谈天时、地利、人和

- 礼邻敬上,功业顺畅。

  1999 年秋在山东大学读博时谈尊重上司

- 对周边人多一分敬畏,则多一分修养。

2007 年 8 月谈要尊重所有人

- 彰显性格的人彰显不了任何价值。
  2007 年 8 月谈不可任性

- 任性是人生的陷阱。
  2020 年谈任性之害

- 多分析、研究、反省自己，做人做事会更明智、更和谐、更顺利。
  2003 年 12 月谈修养

- 认同可以拉近人与人的距离。
  1989 年秋在中共山东省委党校学习时对群体意识的思考

- 互制才能升华。
  2003 年 2 月谈相互制约才能相互提高

- 动力与制动是前进必具的二元力。
  2020 年春谈阴阳互济才能产生事物的价值

- 人际和谐是最大的享受。
  1999 年秋在山东大学读博时谈和谐

- 交往、交流是解决信息不对称的基本方法。
  2011 年 2 月谈信息阵地你不占领，别人就会占领

- 密切，因密而切。
  2003 年冬谈交往中的心理规律

- 用痛苦表达感情往往是真诚的。
  2020 年 3 月谈情感有真假

- 不打不成交，取决于事后如何交。
  2003 年 8 月谈化被动为主动

- 避免误解是高人，化解误解是能人。

  1987 年春自警

- 任何角色都是权利和义务的统一，不可择其一。

  2006 年 8 月论苦与乐、身份与责任

- 两分客观一分主观是事业成功的条件。

  2010 年 2 月与干部谈话

- 矛盾双方的胜负有时取决于第三方。

  2006 年冬谈胜负有时取决于第三方因素

- 中庸是成事的第三条路线。

  2020 年 7 月谈中庸是防止物极必反、剧烈震荡的方法论

六、
让渡一定的自由和利益，才能形成人与人的联合

- 让别人赢一点，修养与亲和力就多一点。

  2006 年 3 月谈工作艺术

- 将心比心，做事舒心。

  1996 年春为烟台市企业经理培训班培训

- 很多人赢了一阵子，输了一辈子。

  1997 年 6 月在山东大学读博时谈修养

- 合群须有公心。

  1997 年 6 月在山东大学读博时谈修养

- 赶路不要半路追兔子，莫引偏了方向。
  1998 年秋在山东大学读博时对人生路障的思考

- 善于避障者前进得快。
  2018 年 6 月谈人生、事业、工作、生活都如行路

- 大行不在乎小让。
  1998 年秋在山东大学读博时对舍与得的思考

- 事业一忌腐败，二忌内讧。
  1999 年秋在山东大学读博时谈事业之忌

- 在参与中匡正是真正的济世者。
  2003 年冬谈参与才是正能量

- 骂世无助于济世。
  1989 年秋在中共山东省委党校学习时谈秀才骂世解决不了根本问题

- 温和式抵制是和平济世的方式。
  1989 年秋在中共山东省委党校学习时谈建设才是正能量

- 多一分忍让，则多一分冷静。
  2003 年秋对以往工作的反思

- 多一分战略，则少一分后患。
  2003 年秋对以往工作的反思

- 多一分长远，则多一分潜力。
  2003 年秋对以往工作的反思

- 主意确定后 80% 的工作是协调。
  2010 年 3 月谈协调是"润滑剂"

七、
协作是借力的智慧

- 能力大小与协作借力成正比。
  2017 年 8 月谈成功的能力在于协作借力的能力

- 协作可以形成事业的网状通道。
  2015 年 6 月谈协作是事业的通道

- 能量和价值只能在系统中放大。
  2019 年 4 月读《京瓷哲学》所感

- 协作是人类生存的方式。
  1998 年秋在山东大学读博时为临沂真情集团培训

- 分工协作可以集中能量做专一的事。
  1998 年秋在山东大学读博时谈没有协作就没有专业化

- 协同是组织所以放大能量的秘密。
  2018 年 8 月谈组织协同

- 团队精神的实质是协作与联盟。
  1998 年春在山东大学读博时对鲁花集团与农民合作有感

- 高素质的团队可以共治、自治、互治。
  2020 年 5 月谈人才济济的团队场能倍增

- 团队的能量在于智慧互补、专长协作、集体承压。
  2013 年 4 月谈团队同心增值，背心消值

- 团队应该是各有角色、相互协作的"乐队"。
  2020 年 7 月谈乐队意识才是真正的团队意识

111

- 善于协作既是品行也是能力。
  1998 年秋在山东大学读博时为临沂真情集团培训

- 人有其长必有其短，协作才能使团队形成能量链。
  2010 年 6 月谈一个人不是万能的，独揽和独断是违背科学的

- 人与人合作都有分裂的危险期，渡过难关就是胜利。
  2000 年 6 月在山东大学读博时谈共鸣的意义

- 随和是一种合作能力。
  2006 年 8 月谈团队精神

- 和，就是有唱有随。
  2010 年 6 月谈用合唱的心态协作

- 以和而合，和是合的灵魂。
  2015 年 10 月谈有"和心"才能有"合行"

- 利益是协作的纽带。
  1999 年秋在山东大学读博时谈共利是合作的动力

- 用共利解决冲突，可持续，无后患。
  2018 年 6 月谈共利才会来日方长

- 利他为先是利益循环，着眼共赢乃心计在先。
  2017 年 1 月谈利益循环是道德之力，共赢是心计之力

- 非危不战，生存空间无限。
  1996 年 10 月在山东大学读博时谈和为贵

- 除生死之事，不较劲也是辩证法。
  2010 年 3 月谈合作

- 很多事情没有绝对的错误和正确，只是时空不同而已。
  2010 年 3 月谈时空决定事物的价值

- 人际和谐需自我降调。

  1996 年春在山东大学读博时对领导科学的思考

- 合节共鸣是一种愉快。

  2000 年 6 月在山东大学读博时由"合节共鸣"联想到"协同快乐"

- 合群才有安全感。

  2014 年 10 月谈人是合群的动物

- 只有合群，人的能量才无限大。

  1989 年秋在中共山东省委党校学习时对群体意识的思考

- 内容同质同量，形式决定影响力和记忆力。

  2023 年 11 月与企业家交谈

- 小心眼无大业，算小账无大财。

  2006 年冬与企业家沟通

- 人生多看干了多少事，少算赚了多少利。

  1999 年秋在山东大学读博时谈事业高于利益

- 小心眼无久友。

  2001 年冬在中共山东省委党校学习时谈道德

- 合法合德的交换是最科学、最经济、最安全的人生法则。

  2016 年 10 月谈任何人任何组织都不能包打天下，而需要交换

- 合作经营才能多快好省。

  2018 年 11 月谈合作就是借力

- 克己与格局成正比。

  2019 年 4 月再读稻盛和夫哲学有感

八、
科技是双刃剑，道德驾驭科技，
科技才能保护人类

- 科学技术既能创造财富，又能攻破制度。
  2011 年 10 月谈科技的力量

- 制度革命和技术革命都能创造历史奇迹。
  2011 年 10 月谈历史靠阴阳二元驱动

- 奇迹需要生产力与生产关系双发力。
  2011 年 10 月谈阴阳合力才具有强力

- 人类每前进一步都需借助先进的思想和精良的方法。
  2012 年 10 月在信息化现场会上的讲话

- 秩序靠法纪，效率靠科技。
  2006 年 6 月谈管理

- 科学技术的实质是对事物结构细分、重组、优化、活化。
  2000 年 2 月在山东大学读博时谈科学

- 细分就是学问，整合就是智慧。
  2000 年 2 月在山东大学读博时谈科学

- 细分结构是最精准的研究。
  2000 年 2 月在山东大学读博时谈科学

- 假设和疑问是科学诞生的重要始点。
  2000 年 2 月在山东大学读博时谈科学

- 宇宙和生命是科学攀登的顶峰。
  2020 年 5 月谈宇宙和生命是人类的终极秘密

- 常态下，化学使物质变性，物理使物质变形。
  1998 年 2 月谈科学

- 速度改变事物的能量。
  2023 年 8 月为企业授课时谈速度是双刃剑

- 物理的微观即化学。
  2004 年 6 月谈化学更具普适性

- 化学反应是外力作用下的内生机制。
  2019 年 9 月谈化学不神秘

- 科技的微观皆化学。
  2004 年 6 月谈人是化学的产物

- 科学是发现规律，技术是运用规律。
  2000 年 2 月在山东大学读博时谈科学

- 万物都在螺旋式回归和升华。
  2000 年 2 月在山东大学读博时谈科学

- 旋转力是压缩的波力，且具惯性。
  2018 年 6 月谈物理现象

- 一切事物都存在波形运动，波幅波长因物而异。
  2013 年 9 月于中欧国际工商学院读 EMBA 时谈人与物、人与人共振之时即合运

- 事物的密度与质量成正比，质量与引力成正比。
  2020 年 10 月对物理现象的观察及对其他事物的思考

- 图像是最直观、最通用的语言。
  2007 年 11 月谈什么是最易懂的语言形式

- 观测仪器的研制水平与科技水平成正比。
  2013 年 7 月谈可观察是可管控的前提

- 数理与逻辑的价值远远大于肉体感知的价值。
  2020 年 9 月谈科学技术的价值

- 傻瓜也能操作的产品才是高级的产品。
  2005 年 3 月对高科技的思考

- 气体是人体吸收最快的物质形态。
  1981 年春在山东师范大学读本科时谈事物形态

- 基因结构重构是生命科学的终极目标。
  2017 年 8 月谈基因重构是双刃剑

- 热使万物变态，冷使万物定型。
  1981 年春在山东师范大学读本科时谈事物现象

- 活性、可移动是最科学的物态。
  2004 年 5 月谈科技

- 网状结构是能量最强的组织结构和力学结构。
  2013 年 6 月于芬兰学习时谈结构与功能

- 成本是影响科学技术转化为现实生产力的第一因素。
  2007 年 10 月谈技术的价值在于经济价值

- 技术与生产关系变革都会影响经济周期半径。
  2018 年 1 月谈技术创新和生产关系变革都可打破经济周期

- 技术是企业或国家自立的核心条件。
  2016 年 9 月谈技术是经济之根

- 技术落后是最昂贵的成本。
  2015 年 1 月谈科学技术的价值

- 当政治、环境、生命成为第一需要时，经济成本就不再居第一位。
  2012 年 10 月在信息化现场会上的讲话

- 用艰苦奋斗修德，借科学技术提效。

  2008 年 1 月谈艰苦奋斗与科学技术各就其位才有价值

- 后现代化的标志是以信息化为基础的智能化。

  2010 年 5 月谈信息化是一种全新的生产方式和生活方式

- 互联网既是生活方式，更应该是生产方式。

  2015 年 6 月在党校讲课时谈互联网助力生产方式才更具有战略意义

- 信息化既能改变生产、生活方式，又能改变政治、社会组织结构。

  2012 年 9 月给中国电信宁夏分公司中层干部讲课时谈信息化、数字化是人类智能领域的革命

- 向软件要生产力是信息技术的本质。

  2013 年 10 月谈信息技术

- 信息化是民主化的技术驱动。

  2008 年 3 月谈信息化助推民主化

- 信息化必然助推组织扁平化。

  2008 年 3 月谈民主与信息化的关系

- 互联网的神经属性决定了互联网的依附性。

  2015 年 2 月谈互联网的本质功能是神经功能

- 人与人之间的深度感觉仍然离不开面对面的直觉。

  2015 年 5 月谈互联网代替不了传统的学校教育及人际交往模式

- 互联网的价值在于促进事物快速跨界联结。

  2015 年 2 月谈互联网

- 人人互联改变社会，物物互联改变经济。

  2015 年 5 月谈互联网的政治、经济价值

- 大数据的价值逻辑是从量变看质变、从结构看功能。
  2018 年 6 月谈大数据的价值机理

- 简明化必须数字化。
  2015 年 6 月谈数学是最简明的语言

- 数字是统一思想和行动最高效的语言。
  2018 年谈数学是最简明的语言

- 泛数字化是工具革命及社会迭代之趋势。
  2020 年 4 月谈数字化是人类的一场革命

- 社会科学先试，自然科学先算。
  2013 年 7 月谈敬畏自然科学

- 在系统坐标中细分结构是成事的路径。
  2013 年 8 月谈系统是坐标，细分是路径

- 用拆分发现学问，用整合创造科技。
  2019 年 2 月谈科学在于分解和重构事物的结构

- 社会科学以变化的人为核心，波幅大、螺旋性强。
  2008 年 12 月在中央党校学习时谈为何自然科学发展快、社会科学发展慢

- 自然科学以稳定的物为核心，波幅小、直线性强。
  2008 年 12 月在中央党校学习时谈为何自然科学发展快、社会科学发展慢

- 发现规律是发明的前提。
  2006 年春谈科学是发现，科技是发明

- 公式是符号化系统论。
  2017 年 8 月谈数理化公式的任何一个变量都会影响系统价值

- 人生价值是一个复杂的多变量的公式。

2016 年春谈人生众多变量中唯有时间、修养、付出等少数变量可自控

- 哺乳动物皆有灵性。
  2013 年 10 月谈佛不杀生的逻辑

- 现代科学是对原始经验的变形、延伸、综合。
  2002 年 12 月对原始科学的思考

- 基础、原始、传统的物质对于生命和生存更安全最可靠。
  2006 年 12 月谈传统的未必是落后愚昧的

- 现代化若不被道德驾驭，会越来越可怕。
  2006 年 12 月谈现代化

- 返璞归真是最高境界的生活。
  2015 年 6 月谈创业方向

- 简朴既是道德又是科学。
  2018 年 3 月谈简朴既养生又养性

- 至简大道都是道德与科学的统一。
  2018 年 3 月谈至简大道的特点

- 人力自助装置是应对现代化危机所必需的保全手段。
  2008 年 1 月谈应该有制造人力自助装置的企业

- 科技是双刃剑，越锋利越危险。
  2001 年 9 月在中共山东省委党校学习时感悟美国"9·11"事件

- 人文缺失与科技猛进的矛盾将是世界性的社会矛盾。
  2006 年 12 月谈科技是双刃剑

- 科技若偏离道德将成为人类的第一破坏力。
  2012 年 7 月谈科学技术若不被道德驾驭将异化为人类的天敌

- 若无良知，科学技术将是灭绝人类最有效的武器。
  2001 年 9 月在中共山东省委党校学习时谈核武器

- 科技只有用来保护自然和人类才是光明的力量。
  2008 年 1 月谈科技如果破坏自然、破坏人类则是黑暗力量

- 科技道德化是人类长存的正道。
  2008 年 1 月谈科技如果破坏自然、破坏人类则是黑暗力量

- 道德危机将导致科技、金融、互联网、物联网危机。
  2013 年 6 月于芬兰考察时有感

- 国防防御外侵，环保防御"自杀"。
  2010 年 3 月在节能环保大会上的讲话

- 现代在传统面前永远有脆弱点。
  2001 年 9 月在中共山东省委党校学习时感悟美国"9·11"事件

- 道德才能使人类永存。
  2003 年秋谈儒家利民、法家利君、道家利人类

九、
推动事物跨界融合，跨度越大，成分越复杂，创造的价值越大

- 阴阳统一是跨界的原理。
  2019 年 4 月谈跨界是事物升华的路径

- 对立统一，必有奇迹。
  2019 年 4 月谈方法论

- 阴阳兼顾，事业坦途。

  2019 年 4 月谈方法论

- 用途创新则物物新。

  2019 年 4 月谈事物的功能和价值都是多元的

- 继承与创新是人类前进的左右脚。

  2001 年春在中共山东省委党校学习时谈继承是创新的前提

- 由盛到衰是万物的规律，创新、机遇、事事物物、时时处处。

  2001 年春在中共山东省委党校学习时对创新与改革的思考

- 物极必反的临界是最佳的创新期。

  2016 年 9 月谈集优创新

- 大事件都会创造新机遇。

  2007 年 11 月在美国学习时对机遇的思考

- 创新都是以既有现实为坐标，以既有缺憾为导火索。

  2016 年 10 月谈创新的诱发条件

- 负刺激是最强的创新动力。

  2016 年 10 月谈创新的诱发条件

- 能力大小和机遇多少取决于创新。

  2007 年 10 月谈创新

- 创新是事物重新洗牌的新赛道。

  2011 年 2 月谈创新是竞争的新赛道

- 创造，使劳动成为享受。

  1999 年秋在山东大学读博时谈创新

- 创新才有独特的价值。

  2007 年 10 月谈独特可以创造垄断价值

- 创意是创新的前提。
  2007 年 10 月谈创意的价值

- 转换、替代，解决问题最快。
  2007 年 12 月谈工作方法

- 集优组合是最稳健的创新。
  2017 年 6 月谈优势杂交

- 竞物，不竞人，事业会更顺。
  2020 年 8 月谈靠技术与产品竞争是上策

- 独辟蹊径，做事易成。
  1999 年 8 月在山东大学读博时谈冷门是成事的捷径

- 先行者路不平，但少有同路竞争。
  2004 年 1 月谈创新

- 主动创新省功省力，被迫创新成本升级。
  1996 年春为润华世纪培训时谈谁先创新谁就能节约时间成本

- 社会异化是社会变革的原因。
  2001 年春在中共山东省委党校学习时对政治组织发展规律的思考

- 思想创新、制度创新、技术创新、生产方式创新是创新的生态链。
  2013 年 6 月于芬兰考察时谈创新

- 生产方式创新是最高效的创新。
  2013 年 6 月谈制度创新

- 揣摩人性是创新的准星。
  2008 年 11 月在中央党校学习时谈创新路径

- 为惆怅的人群解难，市场价值无限。

2008 年 11 月在中央党校学习时谈创新路径

- 创造了需求或满足了需求才是高价值的创新。
  2007 年 10 月谈高价值创新要从质上入手

- 怀疑是产生新思维的前提。
  1997 年春为企业培训

- 困境是创新的佳境。
  1997 年春为企业培训

- 需求细化，创新神化。
  1999 年秋在山东大学读博时谈创新

- 综合思维、联想思维、逆向思维，助力创新放飞。
  1999 年秋在山东大学读博时谈创新思维

- 创新是对事物成分、结构、程序、功能的重组或再构。
  1996 年春谈创新的实质是结构优化

- 结合就会产生新事物。
  2006 年 3 月谈改革与发展的路径

- 越是高级的事物其复合成分越复杂。
  **1988 年 12 月在中共山东省委党校学习时发表的论文中的
  观点**

- 经验创新渐进，实验创新突进。
  2007 年 10 月谈创新

- 安全、方便、美观或利用自然、不断循环是创新的靶点。
  **2001 年 8 月在中共山东省委党校学习期间为企业培训时谈
  创新**

- 类比、重组、移植都是创新的机理。
  1998 年秋在山东大学读博时为临沂真情集团培训

- 加一加、减一减，竖一竖、偏一偏，弯一弯、展一展，倒一倒、换一换是最简便的创新。

  1998 年秋在山东大学读博时谈改变结构是最简单的创新

- 寻找缺点是创新的起点。

  1996 年春谈问题导向是创新的方向

- 参照系是创新的诱发力。

  2005 年 10 月与干部谈话

- 挫折是发明和修正的契机。

  1997 年春在山东大学读博时为滕州市干部培训

- 善用反向思维可能发现事物更美。

  2016 年 12 月谈事物有弊必有利

- 画蛇添足是功能叠加。

  1996 年春为润华世纪集团培训

- 以奇克正，做事易成。

  1996 年春谈善用奇省功省力

- 正奇互动，创新无穷。

  1998 年秋在山东大学读博时为临沂真情集团培训

- 阴阳交替，必有新奇。

  1998 年秋在山东大学读博时为临沂真情集团培训

- 只有奇想，才有奇迹。

  2000 年冬对人生现象的分析

- 苦思必有回报。

  2006 年冬谈苦思冥想之日，问题解决之时

- 有些创造需要闲情逸致。

  2010 年 6 月参观英国莎士比亚故居时有感

- 回归是发展中的完善。

  2010 年 8 月谈创新与发展是螺旋式上升，上升中有回归

- 创新的经济学价值在于创造稀缺。

  2010 年 3 月谈创新

- 替代是翻天覆地的创新。

  2020 年秋再谈创新

- 创造力与情商成正比。

  2000 年秋为企业培训

十、
做总成，价值最高

- 集大成者成。

  2008 年 1 月谈集大成者成

- 做总成的本质是整合资源。

  2004 年秋谈整合资源，事业无限

- 领导者是最大的集成家。

  2004 年秋谈善整合者成大业

- 智力、权力、财力是成事的三大支撑力。

  1999 年秋在山东大学读博时谈干事业的条件

- 权力、权威的大小取决于拥有资源的多寡及予夺的力度。

  2001 年春在中共山东省委党校学习时谈权力就是分配

- 政策是宝贵的资源。

1988 年 10 月在中共山东省委党校学习时对领导科学的思考

- 异质构成的规模越大越安全，同质构成的规模越大越脆弱。
  2015 年 3 月谈规模结构决定规模价值

- 群体和规模越大其安全感和诱导力越大。
  2010 年 6 月谈大规模可以产生信任感

- 任何事物一旦成为群都会震撼人心。
  2010 年 6 月谈群人、群蛇、群兽

- 大体量才有大气势。
  1988 年 12 月在中共山东省委党校学习时发表的论文中的观点

- 事物的基数越大其几何效应越大。
  2004 年秋对强大事物之优势的思考

- 规模大，回路多，风险小。
  2004 年秋谈规模与能量成正比

- 大规模才有震撼力和冲击波。
  2005 年 2 月谈规模与能量成正比

- 同质下，数量决定事物的价值。
  2015 年 3 月谈量与质的关系

十一、
用平台放大能量，或寻找平台，或组建平台

- 做平台就是做总成。

2018 年 12 月谈平台与总成成正比

- 平台以并联的方式做功。
  2018 年 12 月谈互联网是隐形的巨大平台

- 拥有自主的平台才有自主而持续的事业。
  2017 年 6 月为民企授课

- 一切机构都是人生的平台。
  2014 年 6 月谈人生选择平台或自创平台，二者必具其一

- 谁掌控了平台，谁就能轻而易举地放大能量。
  2014 年 6 月谈平台是谋事的工具

- 政权，支配权大于所有权。
  2019 年 10 月谈政权是撬动所有权的杠杆

- 平台规模与平台能量成正比。
  2014 年 6 月谈平台是放大能量的工具

- 志向与平台大小及平台环境成正比。
  2014 年 6 月谈平台是谋事的基础

- 平台高度与人生高度成正比。
  2014 年 6 月谈平台是谋事的基础

- 用人，一给平台，二给口袋。
  2014 年 10 月谈用人

- 平台是技能的摇篮。
  2014 年 6 月谈平台是谋事的基础

- 租购企业即租购了平台及平台上的既有资源。
  2014 年 6 月谈平台是谋事的基础

- 有想法无手法是假秀才之大苦。

2005 年 7 月谈毛泽东同志是善于寻找平台和创造平台的伟人

十二、
有了境界就会自然地派生思想和行为

- 意识是生物电波，影响心理和行为。
  2005 年春谈精神之根是物质

- 悟得为道，学得为术。
  2004 年 5 月谈心性是道

- 心性是行为之根。
  2004 年 5 月谈心性是道

- 大格局图胜终点，小格局图胜眼前。
  2018 年 7 月谈格局

- 境界既来自天性又来自修养。
  2010 年 2 月谈素质与人生

- 君臣同治，方能大治。
  2007 年 8 月读唐代贞观之史有感

- 面对有限的选择，只能改造，不宜抱怨。
  2005 年 6 月谈现实与继承

- 划小圈子成不了大事业。
  1988 年冬谈领导科学

- 雄才大略者包容。
  2003 年秋读《汉武帝》有感

- 包容是远见。
  2005 年 2 月谈官员素质

- 解决矛盾的力度、效率决定发展的速度。
  2015 年 6 月谈发展要突破瓶颈

- 志向支配情绪。
  2005 年 2 月谈自我调节情绪

- 能方能圆，事业无限。
  2012 年 2 月谈自诚

- 在多元主体的社会，和谐一靠制度，二靠包容。
  2012 年 4 月对和谐的再认识

- 音乐美是因为多音阶的和谐统一。
  2020 年春谈差异是美的前提

- 目标要方，途径要圆。
  2012 年 5 月谈工作

- 将心比心才能发现自己的问题。
  2000 年春读《道德经》有感

- 敬可以置换他人的资源。
  2009 年 6 月谈尊重他人，无本万利

- 温和弱化防御。
  1989 年秋在中共山东省委党校学习时对群体意识的思考

- 文官比武官政治长寿，藏锋比逞能持久。
  1989 年秋在中共山东省委党校学习时谈政治心理学

- 韩信有野心无智心而遭杀身。
  1989 年秋在中共山东省委党校学习时读史而感

- 万物活着就会进化，复利以久为本，久存长惠。
  1989 年秋在中共山东省委党校学习时谈复利以久为本

- 贴切的赞扬可以拉近人的距离。
  1989 年秋在中共山东省委党校学习时对群体意识的思考

- 礼，介乎德法之间，是倡德守法之规范。
  1988 年 10 月在中共山东省委党校学习时谈少儿学规范，少年学模范

- 礼仪即为礼而仪。
  1988 年 10 月在中共山东省委党校学习时谈礼仪与文明

- 待人接物折射人和组织的深层素质。
  2008 年秋谈接待工作

- 先做客人才会做主人。
  2008 年秋谈接待工作

- 做人做事都要体现反差美。
  2010 年 4 月谈反差美给人的印象更深

- 艺高气平，能者不躁。
  1996 年春谈能者不躁

- 自吹者必招撮。
  2003 年 6 月与干部谈话

- 内虚者多作势。
  2000 年 1 月谈智者平静

- 升华要从平淡开始。
  2003 年夏自励

- 气质的灵魂是自然。
  2001 年夏在中共山东省委党校学习时谈过谦损伤气质

- 退回原点看事情看人生，一切迷茫会自明。

  2019 年 4 月再读稻盛和夫哲学有感

- 每个人的未来都是未知数，悲观者苦，乐观者悦。

  2008 年 7 月谈乐观者心路阳光

- 自信即不急不躁地向目标前进。

  2008 年 7 月谈自信

- 诱敌深入可观其势、挫其锐、断其援。

  2018 年 7 月谈毛泽东军事思想

企业家的数量和质量与经济的繁荣度、社会繁华度成正比

E

一、
企业家精力、财力的投向影响着哪个领域兴旺

- 哲学思维、数量思维、创新思维是企业家的基本思维。
  2016 年 10 月谈企业家应具备的思维

- 追求功业传世是一流企业家的特质。
  2015 年 11 月谈企业家精神

- 久存才能长惠。
  2015 年 11 月谈企业家精神

- 做总成，利润率最高。
  2002 年为企业讲课

- 技术和商业模式都是创造价值的杠杆。
  2015 年 1 月谈无技术优势者必须善于做生产关系、体制机制、商业模式的文章

- 产、供、销，永远是矛盾的，能力体现于解决矛盾的速度。
  1987 年 2 月为企业培训

- 商业模式即整合生产要素的方式。
  2018 年 9 月谈拼多多创业

- 轻资产创业，把有限资金做血液。
  2012 年 9 月谈租赁资源是最佳的资源整合

- 巩固与扩张交替，才有持久的生命力。
  2004 年春为东营市税务局干部培训

- 存是展的前提，展是存的后续。
  2004 年春为东营市税务局干部培训时谈并发的本质是神速、

- 危机式管理可以防止企业出现灭顶之灾。

  2017 年 2 月谈企业要建立"危机"诊断机构

- 人才、产品、品牌是百年企业的命脉。

  2000 年 2 月在山东大学读博时为企业培训

- 标准或门槛是层级的筛子。

  2024 年 2 月在宁夏民营经济资源共享会上的讲话

- 文化、技术双核竞争力，才能形成阴阳合力、远近互济。

  2020 年谈双核竞争力更务实

- 靠战略快速膨胀，靠战术稳健增长。

  2001 年秋在中共山东省委党校学习时为东营市企业培训

- 用战略开源，用战术节流。

  1999 年秋在山东大学读博时谈企业管理需阴阳两手

- 资源与资本的转换只是观念之差。

  1997 年 8 月在山东大学读博时为临沂真情集团培训

- 经营可再生的大自然是最可持续的产业。

  2016 年 10 月谈产业选择

- 发展趋势和社会资源是投资者决策的坐标点。

  2014 年 6 月谈投资

- 限制的都是想干的，隐蔽的都是想看的。

  2006 年秋谈投资方向

- 货币是无孔不入的商品。

  2014 年 6 月谈银行业是共需业且经营成本最低

- 保险业是无人不需的"博彩业"。

2014 年 6 月谈人寿保险无人不需

- 用现代手段做传统产业是最稳健的事业。
  2018 年 11 月谈创业

- 适度的负债是重要的借力。
  1999 年秋在山东大学读博时谈负债是利用资源

- 有战略投入才有战略产出。
  1997 年春在山东大学读博时为鲁花集团培训

- 集中优势资金才能从技术上打质量战。
  2003 年 2 月谈企业技术改造

- 最高效的投入是设备，最根本的投入是人才。
  1988 年 10 月在中共山东省委党校学习时谈硬技术的作用

- 生产力远比财富更重要。
  2001 年秋在中共山东省委党校学习时谈生产力是财富之源

- 无形资产大于有形资产，轻资产大于重资产是现代企业的资产观。
  1996 年秋于山东大学读博时读《资本论》有感

- 减人增机是现代管理的大趋势。
  1988 年春在中共山东省委党校学习时谈多用机器少用人高效而省心

- 智能化的核心是自我辨识、自我实施。
  2016 年 6 月谈智能化的本质是快速自动化

- 联盟，才能把事业做大。
  2001 年秋在中共山东省委党校学习时为东营市企业干部培训

- 产业链联盟是最优的同盟。
  1997 年 8 月在山东大学读博时为临沂真情集团培训

- 同质的股本其股东的区域跨度越大则股本结构越优。

  2002 年 6 月为企业培训

- 垂直整合的价值在于整合附加值。

  2018 年 10 月谈兼并战略

- 上下游参股或要素关联参股，上游不亮下游亮，东方不亮西方亮。

  2015 年 11 月谈发展关联产业

- 加大对未来的投入，降低毛利率，有助于形成降本提效的倒逼机制。

  2016 年 12 月谈加大技术、人才、装备的投入

- 技术、人才、装备、品牌环节的成本是"可积淀成本"。

  2017 年 5 月提出可积淀成本的概念

- 优质的可积淀成本是决定企业未来的资本。

  2018 年 6 月谈企业的未来取决于优质的可积淀成本

- 以租代购可以让不动产变流。

  2016 年秋谈重资产企业要尽量减少沉没成本

- 设计产品是加号，设计组织是乘号。

  2016 年秋谈向体制机制要效益

- 企业家、产业军、公务员是发展经济的三驾马车。

  2007 年秋谈发展需要职业合力

- 企业家、军事家、政治家都是善于整合资源的人。

  2006 年秋谈多大的心胸做多大的企业

- 情商是乘号，智商是加号。

  2019 年 5 月谈依靠情商经营必大成

- 军事精要，攻防两道。

2001 年冬在中共山东省委党校学习时谈《孙子兵法》与企业经营

● 企业是经济干部的摇篮。
2007 年 12 月谈组建市五大国有企业承担公共事业经营

● 聚焦一点，做出名气，借名拓疆，省工省力。
2007 年 12 月谈创业

二、
管理的本质是算账

● 科技与成本交锋，成本必胜。
2020 年 6 月谈技术的经济价值决定该技术生命力

● 效率是成本的最大砝码。
2015 年 6 月谈企业效率

● 效率是管理的主题。
2015 年 6 月谈企业效率

● 每日核算是经营的仪表盘。
1999 年 5 月谈财务核算

● 志、情、财是维系团队的三纽带。
1999 年 5 月谈财务核算

● 领导营造人和，管理强化定额。
1994 年春谈企业管理

● 考事定量，考人定性。

2020 年 9 月谈考核既要讲数理又要讲心理

- 概念量化，管理神化。
  2015 年 6 月谈量化管理是成本最低、最简便的管理方法

- 数理逻辑胜于感知。
  2015 年 6 月谈肉眼难辨之事须借助于数理与逻辑

- 核算、使用、审计三分离是财务体制的基石。
  1998 年秋在山东大学读博时为临沂真情集团培训

- 审计是经济问题的啄木鸟。
  2008 年 6 月谈成立啄木鸟审计公司

- 审计是用数字说话的鉴定与监督。
  2008 年 6 月谈成立啄木鸟审计公司

- 询价、采购、质检三分离是物资采购的好机制。
  1998 年秋在山东大学读博时为临沂真情集团培训

- 匿名编号，线上操作，资质、业绩、工期、价格权重递减，归类评分，专家亮分，均值中标。
  2016 年 11 月谈招投标

- 权力制约权力，是最可靠的管理保全。
  1999 年秋在山东大学读博时谈制约也是管理

- 成本是自主的利基。
  1998 年秋在山东大学读博时为临沂真情集团培训

- 效率降本空间无限，节物降本终有红线。
  2016 年 11 月谈物料降本是精明，效率降本才高明

- 冗员就是负债。
  2016 年 11 月谈成本管理

- 提效不减料是保质降本的科学之道。
  1998 年秋在山东大学读博时为临沂真情集团培训

- 质量红线和成本红线并行才能保护企业的生命。
  2016 年 11 月谈成本与质量双优是绩效管理的双抓手

- 相对于物质成本，制度成本更具惯性。
  2016 年 11 月谈管理

- 最大的成本是低效。
  2020 年 6 月谈效率是降本的核心

- 烦琐的管理是昂贵的成本。
  2020 年 6 月谈效率是降本的核心

- 销售开源，成本节流。
  2016 年 11 月谈管理

- 管理会计管过程，财务会计管结果。
  2016 年 11 月谈用利润率倒逼成本和价格

- 价值流管理是最直观的管理。
  2018 年 9 月谈要以价值流观察部门与流程的价值

- 费用刚性、收入弹性是企业的"硬病"。
  2016 年 11 月谈管理

- 预期激励是第一激励。
  2017 年 7 月谈发"袋"不发"米"是最好的激励

- 黄金期转型升级，精气神恰逢其时。
  2016 年 11 月谈管理

- 市场黄金期往往是管理的粗犷期。
  2016 年 11 月谈管理

- 技术、质量、成本是企业的自主命根。

  2016 年 11 月谈管理

- 质量与成本的矛盾是管理的基本矛盾。

  2016 年 11 月谈保质降本必须着眼成本链，该增则增，该减则减

- 研究成本链是解决质量与成本矛盾的关键。

  2016 年 11 月谈优化成本必须着眼成本链，该增则增，该减则减

- 技术升级可以延缓周期性危机。

  2016 年 11 月谈科技神宁

- 关键环节最优，非关键环节最省，实现系统优而省。

  2018 年谈系统最优不等于环环最优

- 到户到人的激励是最直接、最高效的激励。

  2006 年 6 月谈激励要及第及人

- 人均创效是企业价值最根本的晴雨表。

  2015 年 12 月谈考核人均创效倒逼减人降本提效

- 变废为宝，利润最高。

  2013 年 12 月谈创业

- 独、优、廉、变是产品的生命周期。

  2001 年秋在中共山东省委党校学习时为东营市企业干部培训

- "儿产品"立业，"孙产品"续业。

  2017 年 1 月谈企业要构建"产品家族"

- 求廉求便是消费者永恒的理念。

  1988 年春在中共山东省委党校学习时对企业产品创新的思考

- 在销售地建生产基地是降低配送、时间、信息、政策、关税成本的好棋。

2013 年 6 月于芬兰考察时有感

● 主动成本可控，被动成本是无底洞。

2018 年 6 月为企业授课

● 购买力是消费的后盾。

2015 年 6 月谈购买力是最根本的市场支撑力

● 同质下成本竞争是常态。

2015 年 6 月谈成本在企业中的价值

● 廉价才能普惠。

2015 年 10 月谈管理

● 成本加微利，市场有潜力。

2013 年春谈薄利得众，得众者得市场

● 质高价低，所向披靡。

2013 年春谈薄利得众，得众者得市场

● 成本支撑当前，技术决定未来。

2013 年春谈技术与成本要形成接力

● 投入产出比是决策的钢尺。

2001 年春在中共山东省委党校学习时谈用新成本观指导决策

● 产品定价既要以成本为基础，又要以价值为导向。

2013 年春谈大众产品看成本，科技产品看价值

● 产品制造自主可靠，价值实现是惊险的跳跃。

2013 年春谈产品到商品是惊险的跳跃

● 价值创造侧的功能、质量、成本决定价值实现侧的价值
实现。

2013 年春谈价值制造与价值实现共命运

- 产业链及产品附加值与运输成本成反比，与企业价值成正比。

  2013 年春谈价值与成本成反比

- 优秀的组织以质量立业，优秀的民族以质量立国。

  2016 年 10 月谈精益求精是高质的路径

- 纠错固然重要，但纠不掉失去的时机和硬损失。

  2016 年 10 月谈精益求精可以避免造成系统性硬损失

- 相互确认的保全制度可以防范事故。

  2016 年 10 月谈精益求精

- 质量和成本是相互矛盾的两个生死穴。

  2018 年 11 月谈质量与成本的矛盾是企业管理的基本矛盾

- 用产品升级带动企业升级是最稳健的转型升级。

  2019 年 4 月谈走以产品升级带动产业升级之路

- 初创企业要高质做产品，低价做市场。

  2018 年 10 月谈初创企业

三、
经营企业，首先要经营人

- 先人后事，万事定理。

  2012 年 9 月谈事业

- 企业的人、品、利是递进的派生关系。

  2018 年 6 月谈人是企业之本

- 员工是天使，顾客是上帝。
  2018 年 6 月谈企业要重视员工与顾客

- 员工创造价值，客户实现价值。
  2018 年 6 月谈员工与客户、企业、社会的关系

- 觉悟之人无事不利，觉悟的团队无往不胜。
  2018 年 6 月谈优秀的团队都是觉悟的团队

- 以人为核心的企业才是可持续的企业。
  2000 年春在山东大学读博时对海尔集团的思考

- 动心才能用心。
  1997 年春在山东大学读博时为鲁花集团培训

- 目标是管理的动员力、聚心力、驱动力、止滑力。
  2017 年 5 月谈目标管理

- 立足多数的原则是成就事业的根本原则。
  2017 年 7 月谈多设奖项，让奖励面要兼顾 80%

- 以心换心，以善换善是最根本的组织哲学。
  2017 年 8 月谈要弘扬人的善心

- 企业文化是对军队文化的移植。
  2000 年秋谈企业文化的目的是促进上下同欲

- 企业文化是企业的精神画像。
  1995 年春谈优秀的企业都是优秀的文化组织

- 人性化化人心，军事化化作风。
  1999 年秋在山东大学读博时谈激励

- 没有认同感的管理，必然是高成本的管理。
  1996 年秋为河北中捷集团培训

- 组织的核心理念应对内唤起员工、对外感动社会。

  2000 年秋为企业培训时谈团队越大越需要文化管理

- 服务文化、责任文化、协同文化，是企业文化的三大活塞。

  2015 年 6 月谈企业文化要聚焦

- 优秀的习惯就是优秀的文化。

  1995 年春谈持之以恒才能形成文化力

- 小善大扬，小恶不容，风气健康。

  2015 年 11 月谈企业文化

- 标准、制度是无性繁殖的基因。

  2015 年 11 月谈企业文化

- 典型，是最直观的企业文化。

  1996 年秋为河北中捷集团培训时谈文化形象化

- 企业文化故事化、典型化、偶像化才能潜移默化。

  2017 年 8 月谈企业文化要通过故事和偶像使之人格化、榜样化

- 让故事和偶像代言胜于官方万言。

  2017 年 8 月谈抓思想工作的技巧

- 快乐、团结、进取是服务业、小团队的文化基调。

  2016 年 2 月谈氛围管理法

- 文化正心，制度规行，心正行自规，行久习自成。

  2017 年 6 月谈文化与制度是阴阳互济

- 文化管理的本质是王道。

  1999 年秋在山东大学读博时谈统治是霸道统御王道

- 文化养心，物质养身。

2019年7月以《长期价值主义是人生的元战略》为题为企业授课

- 模范，既能感化又能示范。

  2017年8月谈榜样是无声的力量

- 聚焦员工和客户的慈善是培根固本的战略。

  2023年7月谈向于东来学习

- 组织和谐既需要个人付出又需要组织付出。

  2017年8月谈付出是和谐之母

- 团队福利维系人心。

  1988年秋在中共山东省委党校学习时谈要重视员工福利

- 工资与福利并举有利于强化员工对组织的归属意识。

  1988年秋在中共山东省委党校学习时谈高工资无福利不利于培育员工对组织的归属意识

- 用绩效工资刺激竞争，用普惠福利平衡心理。

  2016年5月谈既要提效又要润心

- 工资结构细化，心理动力强大。

  1988年秋在中共山东省委党校学习时谈工资结构要文化化、情感化、导向化

- 大团队靠制度管理，小团队靠行为感化。

  2002年6月为企业培训

- 职务带平台，业绩带薪酬，是最好的职务激励。

  2016年5月谈干部的激励

- 价值度、责任度、辛苦度是岗位薪酬的砝码。

  1995年8月主持事业单位工资改革时的思考

- 可持续的组织要留住人才，更要留住知识。

2017 年 8 月谈要把人才的知识工艺化、文本化

● 流程化、模板化才能知识工具化。
2017 年 8 月谈要把人才的知识工艺化、文本化

● 制度化传帮带有助于留文化，留传统，留知识，续人才。
2017 年 8 月谈要把人才的知识工艺化、文本化

● 骨干参股是留人、留心的金"锁链"。
2002 年 6 月为企业培训

● 培训是永久的福利。
2000 年秋为企业培训时谈技能比金钱更重要

● 行动，既能抓住机会，又能迎来机遇。
2018 年 7 月谈行动才能接近目标

● 企业既是事业之家的舞场，又是生活之家的后盾。
2016 年 2 月谈事业之家、生活之家都离不开事业平台

● 纪律定势和温暖感化都是企业文化。
2020 年 6 月谈文化也要阴阳合璧

● 仪式创造心理能量。
1997 年春在山东大学读博期间为鲁花集团培训时谈仪式营造
氛围

● 成功有很多门槛，服务是过每一道门槛的有效门铃。
1997 年春在山东大学读博期间为鲁花集团培训时谈服务是万
能的钥匙

● 笑是沟通情感的信使。
1997 年春在山东大学读博期间为鲁花集团培训时谈人的微笑
最容易被人接受

四、
坚持严、细、恒，事业必有成

- 没有前期的烦琐，就没有后期的简单。

  1990 年冬谈准备与结果是因果

- 领导重目标，管理重过程。

  2018 年 10 月谈管理与领导不可错位

- 严于始，利于终，严久习成。

  2017 年 6 月谈严是善终的开端

- 苛刻出精品。

  2016 年 11 月谈精益管理

- 管理省工，必不省力。

  2009 年 3 月谈对关键环节要措施细、手段铁，才能防范致命的失误

- 过程的管理是稳健的管理。

  2017 年 6 月谈只看结果不问过程的管理充满风险

- 细分过程、细分成本、细分市场是管理的永恒主题。

  1997 年春在山东大学读博时谈管理要从细分入手

- 细分与精确成正比。

  1997 年春在山东大学读博时谈管理要从细分入手

- 经营，定目标、考结果；管理，抓分解、重环节。

  2001 年春在中共山东省委党校学习时谈经营与管理的重心不同

- 制度要切实、切身、切痛。

  1996 年秋为全省企业经理班培训

- 待遇是最务实的激励，（要让人感到）干得值、割之痛、失之惜。

  1999 年秋在山东大学读博时谈用待遇留人

- 硬功夫必须靠硬制度。

  2006 年秋考察企业有感

- 步入疆场，无谈自由。

  1997 年春在山东大学读博时谈职场、岗位都是战斗之场

- 商业合约既是双向制约，又是市场确认。

  2018 年 10 月谈霍英东创立卖"楼花"制度

- 战斗力强的组织都是硬命令与软感情双驱动的组织。

  2010 年 6 月在公安系统倡导学习解放军组织

- 有惩戒才有敬畏。

  1997 年春在山东大学读博时谈职场、岗位都是战斗之场

- 权力体系是责任体系。

  2008 年 8 月谈视角变则观念变，观念变则行为变

- 权力与风险成正比。

  2008 年 8 月谈视角变则观念变，观念变则行为变

- 工资的实质是责任报酬。

  2020 年 6 月谈引导员工改变对工资的认知

- 企业以做久为总纲。

  2022 年 6 月在企业生命力论坛上的讲话

企业在潜移默化地
改造着社会

F

一、
市场经济的根基是竞争的企业经济

- 现代企业制度适用于广泛的组织。

  2011 年 10 月对现代企业制度的思考

- 政治王国以权力为中心，经济王国以资本为中心。

  2017 年 7 月谈市场经济

- 经济属性属于自然属性。

  2017 年 7 月谈市场经济

- 发展工商业是人类走向富强、文明不可逾越的历史阶段。

  2000 年 1 月在山东大学读博时对齐国兴盛原因的分析

- 能源与源头产业是社会和经济发展的先导力量。

  2018 年 6 月谈资源类产业或源头产业是稳健的战略产业

- 企业兴旺才能国民富、社会稳。

  2012 年 2 月谈企业的伟力

- 社会要现代化，经济必须企业化。

  2012 年 1 月谈企业的伟力

- 企业是世界一体化的先锋与纽带。

  2012 年 1 月谈企业的伟力

- 企业是经济性质的军事化组织。

  1996 年冬为河北省中捷集团培训

- 大企业助国强，小企业助民富。

  2013 年 12 月与民营企业座谈

- 庞大的中小企业群体是防止大企业左右政治的经济基础。

  2011 年 10 月谈中小企业存在的意义

- 孵化小微企业是政府必须承担的"播种工程"。

  2003 年春给企业家的信

- 最佳的产业群是企业间的产业链。

  2001 年秋在中共山东省委党校学习时谈要发展区域内或园区内产业链

- 肥水不外流的企业不可能创造更多的肥水。

  2001 年秋在中共山东省委党校学习时为东营市企业干部培训

- 企业间就地形成产业链，产业成本才能低廉。

  1997 年 8 月在山东大学读博时为临沂真情集团培训

- 吸引人才的真正磁场是产业专业化、链条化、规模化。

  2000 年春在山东大学读博时为企业培训

- 规模化必须标准化。

  2003 年 4 月谈企业标准化

- 产业纵向延伸优于多元并行。

  2017 年 6 月谈用产业链延伸拉动产业升级是价值递延型经济，又是上游不亮下游亮的稳健型经济

- 用升级带转型是最稳健的经营。

  2010 年 6 月谈企业持续升级，产业就会转型

- 理念升级、设备升级、产品升级、管理升级是企业升级的四大驱动力。

  2010 年 6 月谈企业要多谈升级，少言转型

二、
产品是以客户为中心的第一载体

● 产品高贵才能职业高贵。
  2018 年 12 月谈产品创新

● 新品开发既要靠技术推，更要靠市场拉。
  2001 年秋在中共山东省委党校学习时谈市场拉动以销定产，
技术推动以产促销

● 用技术创造、引领需求的企业才能跨入第一方阵。
  2001 年秋在中共山东省委党校学习时为东营市企业干部培训

● 人心管理、技术研发、关键制造是企业的核心竞争力。
  2001 年秋在中共山东省委党校学习时为东营市企业干部培训

● 技术、质量取胜是最稳健的经营。
  2001 年秋在中共山东省委党校学习时为东营市企业干部培训

● 质量是使用价值与审美价值的统一。
  2001 年秋在中共山东省委党校学习时为东营市企业干部培训

● 质量和成本是管理的核心。
  2018 年 9 月谈质量和成本是企业的双命门

● 功能、质量、成本决定事物价值。
  2018 年 9 月谈产品创新的靶点

● 标准既是质量参数，又是履职规范。
  2001 年秋在中共山东省委党校学习时为东营市企业干部培训

● 主动对标才能捷径赶超。
  2012 年 10 月谈对标的实质是比学赶超

- 对标是创新的坐标。

  2012 年 10 月谈技术须行业对标，管理可跨行对标

- 员工、装备、产品、市场是企业的四柱。

  2001 年秋在中共山东省委党校学习时为东营市企业干部培训

- 凡是畅销的产品都是功能、价格、质量、文化的集合体。

  1998 年秋在山东大学读博时为临沂真情集团培训

- 事物赋予文化，价值就会加码。

  2020 年秋谈文化创意，低成本高附加值

- 同类同质同价产品下服务决定销量和复购率。

  1998 年秋在山东大学读博时为临沂真情集团培训

- 以价值定价，效益最大。

  2019 年 4 月谈成本加利润的定价隐藏着市场风险

- 政府反垄断，但企业必须用技术创造垄断。

  2001 年秋在中共山东省委党校学习时谈垄断与反垄断要
  互动

- 生产成本与使用成本是产品开发的双红线。

  2012 年 10 月谈企业要树立客户成本观

- 使用成本和购买成本都是客户的理性参数。

  2010 年 10 月谈企业要重视产品的使用成本

- 市场像战场，宜占不宜攻。

  1997 年春在山东大学读博时为烟台企业经理培训

- 独特是最佳的竞争。

  1997 年春在山东大学读博时为鲁花集团培训

三、
品牌一要造，二要唱

- 品牌因为吸人而吸金。
  1996 年秋谈品牌的吸力主要来自安全感和社会价值

- 品牌从一做起，质量从设计开始。
  1997 年春在山东大学读博时为鲁花集团培训

- 质量是品牌的盾。
  1988 年春在中共山东省委党校学习时谈企业管理

- 产品是闺女，营销是媒婆。
  2001 年秋在中共山东省委党校学习时为东营市企业干部培训

- 理性的顾客更关心产品的质量参数。
  1988 年春在中共山东省委党校学习时对企业营销的思考

- 谈判，一要算数字，二要算心理。
  1998 年秋在山东大学读博时为临沂真情集团培训

- 行家里手才会成为谈判的高手。
  2008 年 3 月谈工程师是最好的营销员

- 争辩是谈判之大忌。
  1999 年秋在山东大学读博时谈交流与谈判

- 把广告做到顾客的嘴上是受众最实的广告。
  1999 年秋在山东大学读博时谈顾客的嘴是最好的广告台

- 口碑传播可信度最高且成本最低。
  1999 年秋在山东大学读博时谈企业营销

- 让顾客一见钟情是成功的先兆。
  1999 年秋在山东大学读博时谈企业营销

- 好感是一个复合指数，坏感往往是一锤子的结果。
  1988 年春在中共山东省委党校学习时谈成事难败事易

- 让客户动情是最持久的黏性。
  2018 年 10 月谈营销

- 满足客户急需的服务是百发百中的公关。
  1999 年秋在山东大学读博时谈企业营销

- 对方的偏好是公关的密道。
  1999 年秋在山东大学读博时谈企业营销

- 超值服务才能感动人心。
  1997 年春在山东大学读博时谈海尔集团的服务客户战略

- 买一赠他的营销是用价格支撑产品品位、顾客品位的高招。
  2020 年秋谈买一赠他，不是赠同一产品

- 参加专业会展有利于寻找行业高点。
  2002 年 6 月赴宁波考察时对会展经济的思考

- 卖理由、卖观念、卖参数是广告的硬招数。
  1999 年秋在山东大学读博时谈广告

- 营销是吸，推销是求。
  1991 年秋谈广告传播的意义

- 营销需要内外要素的深度融合。
  2018 年 10 月谈营销

- 开发系列品牌要以老牌立旗，编号升级。
  2018 年 10 月谈品牌与时俱进的路径

- 让忠诚的客户做代理有利于降低获客成本。
  2018 年 10 月谈营销

- 广告语，一要简约，二要形象。
  1988 年春在中共山东省委党校学习时谈广告语

- 奇，有助于记和忆。
  1988 年春在中共山东省委党校学习时谈广告语

- 善用比喻是面向大众的最好广告。
  1988 年春在中共山东省委党校学习时对企业营销的思考

- 重工业广告要把破坏性试验广而告之。
  2000 年冬在山东大学读博时对山东工程机械公司广告的建议

- 安全、廉价、身份是广告的卖点。
  2000 年冬在山东大学读博时对山东工程机械公司广告的建议

- 企业和企业家形象比产品形象更能打动人。
  1999 年秋在山东大学读博时谈企业营销

- 营销打公益牌最光彩。
  1999 年秋在山东大学读博时谈传播的意义

- 营销网络是企业的第二生命线。
  1999 年秋在山东大学读博时谈渠道为王，任何品牌都有渠道支撑

- 用股权锁定经销商是锁定市场的良方。
  2018 年 11 月谈建立产销利益共同体

- 营销管理要有利于品牌塑造和升华，有利于网络拓展与巩固，有利于人才培养和积聚。
  1999 年秋在山东大学读博时谈营销体系建设

- 深度开发根据地，经济、政治、社会成本最低。
  1997 年 8 月在山东大学读博时谈建设、开发根据地是共产党

- 异地兼并是同业占领异地市场的捷径。
  2016 年 10 月谈兼并战略

- 品牌是人好、物好共同构成的金币。
  2017 年 10 月谈品牌需要人好、物好双发力

- 售后服务团队是企业荣誉的护卫队。
  2020 年 7 月谈售后服务的意义

- 销售人员兼任客户利益代表有利于换位思考。
  2020 年 7 月谈销售员的名片若印上"客户利益代表",会拉近与客户的关系

- 用轻资产创品牌,减少资本及其精神负债。
  2013 年 6 月对小米公司商业模式的感悟

- 商标创意要形意兼具,寓功能、寓祝福。
  2019 年 6 月谈商标创意

四、
经营信誉是企业可持续的纲

- 久存才能长惠。
  2021 年 6 月给凌云集团授课

- 做优是做久的基因。
  2021 年 6 月给凌云集团授课

- 利润最大化,企业做不大。

2003 年冬谈利益不全等于利润

- 不以利润为唯一目标的企业一定是可持续的企业。
  2016 年冬谈老字号企业都不以利润为唯一目标

- 用姓名做字号有益于自我向善和品牌积淀。
  1997 年春在山东大学读博时为鲁花集团培训

- 卖服务比卖产品更有远见。
  1999 年秋在山东大学读博时谈企业营销

- 公开承诺是自驱的动力。
  2019 年 9 月谈经营管理要推行承诺制

- 企业既要经营员工，又要经营消费群体。
  1996 年秋为烟台企业经理培训班授课

- 售后服务的价值在于获得客户智慧。
  2014 年 1 月谈企业服务是为智慧投资

- 毛利太高，管理易飘。
  2012 年 10 月谈通过研发投入压缩产品毛利，既能培育企业
  潜力，又能增加员工压力

- 规模是直观的实力。
  2003 年 8 月谈市场份额是最有说服力的品牌

- 市场份额与无形资产成正比。
  1997 年春在山东大学读博时谈做大基数比利润率更重要

- 企业的实力一半是硬财富，一半是软实力。
  2012 年 2 月谈企业既要积淀利润，又要积淀声誉

- 既善于生财又乐于付出的企业家才可持续。
  2010 年 6 月谈企业家要自我营造可持续的发展环境

- 财散人心聚，财聚人心散，是向心力之定律。

  1998 年秋在山东大学读博时对民营企业工资制的思考

- 有美名才有可持续的财富。

  2003 年 3 月谈海尔集团砸掉次品冰箱、清朝药商烧掉劣质中草药原料的行为

- 美名是东山再起的卷扬机。

  2013 年 5 月在北汽集团为中层干部授课

- 无形资产的仓库是消费者的心。

  1996 年秋为河北中捷集团培训

- 无形资产是用有形资产置换的产物。

  2006 年 8 月谈企业信誉需要付出

- 完美的企业品牌必须是人品与产品的统一。

  2006 年 8 月谈好的企业必须人好、物好双发力

- 最有效的营销媒介是体验。

  2020 年 6 月谈对人和物的体验是营销的关键

- 古人大事皆卜，何也？取信也，信则力勇。

  2020 年 10 月读诸葛亮"计疑无定事，事疑无成功"有感

- 兵不厌诈，生死也；商不可诈，共生也。

  2020 年 10 月谈企业要善于联盟

官员贤明　百姓幸福

G

一、
领导者的根本职责是确定方向、整合资源

- 官员的价值在于通过整合社会资源推动历史发展。
  2005 年 6 月谈从政的价值

- 领导者是整合资源的专家。
  2009 年 2 月谈优秀的官员也是专家

- 元帅指向，将军打仗。
  2009 年 2 月谈正职的工作重点

- 没有主见的主帅，不是真正的主帅。
  2005 年 6 月谈领导干部要有主见

- 若没有主意，用干部就没有方向。
  2007 年 8 月谈工作思路是用干部的前提

- 发扬民主不等于没有主见。
  2004 年 5 月谈"一把手"要有主见

- 参谋与操纵取决于主帅是否有主见。
  2005 年 6 月谈民主

- 君动念，臣议法，君臣共治的好办法。
  2018 年 7 月谈发挥君臣两个积极性胜于一个积极性

- 做事有多个原则，但必须弄清什么是第一原则。
  2007 年秋谈把握主要矛盾

- 若政出多门，则权力泛滥，国不兴，民不宁。
  2018 年 12 月谈政策叠加合成谬误

- 地方官既要做流水的经济，又要做持久的符号。
  2009 年 6 月谈执政一方

- 能给历史留下美好记号的事就是执政的大事。
  2006 年春谈工作决策

- 主帅未必亲自做事，但必须亲自想大事。
  1989 年春在中共山东省委党校学习时谈静思理题是主帅不可缺少的要事

- 关键的事要亲自想、亲自做。
  2011 年 2 月谈毛泽东亲自拟定土地法大纲

- 集体审议不能代替个人负责。
  2014 年 6 月谈集体审议是群策群力并非群主群治

- 团队目标要阶段化、数字化、实物化。
  1999 年秋在山东大学读博时谈目标管理

- 动力、方向、制动是有效运动的三要素，本在动力。
  2011 年 2 月谈动力是发展的根本，释放民力是制度改革的靶点

- 人的素质与国民经济成正比。
  2003 年 2 月谈公民素质与地区繁荣的关系

- 人文品牌是吸引生产要素的人文磁场。
  2010 年 3 月谈让城市品牌吸附生产要素汇聚

- 除自然禀赋外，人的观念落后是区域落后的第一因素。
  1999 年 10 月在山东大学读博时谈以色列、西班牙等国家自然条件很差但很富裕

- 干部正、社会稳、发展快、后劲足是地方主帅必须统筹的重点。
  2006 年 2 月谈持续发展

- 体制机制、发展战略、选人用人是执政的杠杆。

2007 年 12 月在石嘴山市人民代表大会上的讲话

● 连锁思考是把握全局的好习惯。
2006 年 12 月谈制定政策切勿造成按下葫芦浮起瓢的局面

● 有政治头脑者，目光会更长远。
1997 年秋在山东大学读博时谈从政

● 经济实力是经济活动中的第一信誉。
2005 年 12 月谈招商引资

● 工作分步走，优于一步就。
1994 年春谈领导科学

● 地方官既要做上级的"命题作文"，又要做地方的"自选文章"。
1989 年春在中共山东省委党校学习时谈如何做地方官

● 执政要研究发展理念、发展战略和发展动力。
2007 年 12 月谈政府工作

● 科学执政是执政能力的核心。
2004 年秋谈执政

● 预防失败就是稳健的成功。
2015 年 3 月谈成功的路径

● 危机时剩比胜更有利于保存实力。
2020 年 3 月谈疫情下的企业

● 重大决策既要与大趋势吻合，又要与人、财、物匹配。
2015 年 3 月谈决策的思考维度

● 重大决策要多学科共振、对抗式论证、程序化把关、冷置化降温。
2015 年 3 月谈决策的思考维度

- 常识之举靠本能和感性，非常识之举靠理性。

  2015 年 3 月谈决策行为有惯性

- 对难以监督的环节要以激励为主。

  1997 年春谈人的心理

- 目标可以迫生手段。

  1996 年秋在山东大学读博时为富尔达集团培训

- 压任务比教方法更容易激发潜能。

  2009 年 11 月秋谈调动下属潜能

- 上下级可以教学相长。

  1999 年秋在山东大学读博时谈领导干部要善于发现总结下级的经验

- 上级出题目，下级做文章是促进工作的良方。

  1999 年秋在山东大学读博时谈推进工作的方法

- 从古到今执行允许创新。

  2001 年春在中共山东省委党校学习时谈古制将在外君命有所不受

- 简政比放权更具动力。

  2013 年 7 月谈简政是维护政府形象的治本之举，权力多，失误多，形象差

二、

团结是第一政局

- 尊重人是王道。

2010 年 3 月谈两人以上的事业必须团结

● 人是万事之根。
2020 年 8 月谈事万绪人为先，先人后事

● 大团结才有大收获。
1999 年 8 月在山东大学读博时对领导科学的思考

● 大团结是和而不同，并非铁板一块。
2004 年 5 月谈团结与协作

● 团结，一靠德，二靠能。
2004 年 5 月谈无德无能者不具备团结的磁力

● 能否团结折射着主帅的志向和能力。
2010 年 3 月谈团结是统御的前提

● 上级一分隙，下级十里堑。
2014 年 10 月谈团队团结首先是首脑层团结

● 主帅要多讲和谐，少讲对立。
2003 年冬谈领导心理学

● 正、清、和，为官的准则。
2020 年 11 月日常所思

● 有矛就有盾，思想统一才能千矛对一盾。
2005 年冬谈众志成城

● 团结第三世界相对容易。
2008 年 12 月在中央党校学习时谈国事民事同理

● 统一战线适用于一切领域。
2000 年 10 月谈新形势下的统一战线

● 民主生活会是秃子集体脱帽的好形式。

2005 年 6 月谈民主生活会是集体亮丑

● 发现问题即事即时反馈，优于月度、季度、年度反馈。
2021 年 2 月谈即事即时反馈有利于及时改进，减少损失

● 绝对的胜利必然留下绝对的伤痕。
2014 年谈全胜乃非胜

● 两军交战，围师必阙。
1996 年 6 月读《孙子兵法》有感

● 血腥的战争尚且奉行不战而屈人之兵，况他乎？
2020 年 9 月对战争尚且向善的感悟

● 从长计议就会不躁不急。
2007 年 9 月谈工作要树立长久之心

● 既要小民主，又要小整风。
1999 年秋在山东大学读博时谈管理技巧

● 对事要敏，对人要钝。
2013 年 12 月回山东时与后辈谈话

● 共振才能共鸣，共鸣才能共谋。
1995 年冬谈共识是共谋的条件

● 让人说话是社会稳定的减压阀。
1997 年 10 月在山东大学读博时谈民主的意义

● 民主有利于释放激情和智慧。
2006 年 9 月谈激情对成功的意义

● 主观、宗派、官僚是一切组织必须解决的问题。
2006 年 3 月与干部谈话

● 后说便于观察，后说会更有理。

2006 年 11 月谈调查研究

- 后说是真正的调查研究。
  2006 年 11 月谈调查研究

- 不动声色地补短板比大张旗鼓找问题更得人心。
  2018 年 9 月谈新官少说实做是官德

- 高压统治极易分崩离析。
  2003 年 2 月谈秦朝

- 权谋只有威慑力，产生不了向心力。
  2006 年 9 月谈营造坦诚的组织氛围

- 认同感是政治向心力的基础。
  2001 年春在中共山东省委党校学习时谈领导基础

- 群众喜闻乐见的政治才是高超的政治。
  2008 年 11 月在井冈山干部学院学习时谈政治艺术

- 99% 的人是好人应该是基本的世界观。
  2007 年 8 月谈相信大多数人

- 依靠群众方能多几双眼睛。
  2006 年 10 月谈工作方法

- 把监督的尺子交给大众，吏治才高效。
  1987 年春在山东大学读博时对领导科学的思考

- 派驻巡视组可以更全面地识别干部。
  2005 年 3 月谈巡视既要发现问题又要发现好干部

- 群众是最坚硬的挡箭牌。
  1999 年秋在山东大学读博时谈多数人拥护的基本就是可行的

- 舆论是外来的手术刀。

2005 年 4 月在新闻媒体座谈会上的讲话

● 民心是山，官心是墙。
  2018 年 9 月谈人心向背的基础在民不在官

● 深入基层才能理解社会。
  2007 年 8 月谈接触基层的意义

● 隔绝自己焉能兼听则明？
  2004 年秋自警

● 主流舆论与非主流舆论共生有利于执政者清醒。
  2018 年 11 月谈要处理好主流舆论与非主流舆论的关系

● 走群众路线既能找准目标又能找到方法。
  2018 年 6 月谈坚持群众路线可以防止犯大的失误

● 官僚体制是官场劣迹的总源。
  2018 年 10 月谈官僚体制不优，不良作风难消

三、
远见是领导者的资本

● 没有远见的事业将被历史快速淘汰。
  2003 年秋谈远见与领导者的能力、潜力成正比

● 重大决策往往都面临断指与断臂的抉择。
  2003 年秋谈决策只有利弊权衡，很难两全其美

● 思想深度与发展潜力成正比。
  1987 年 8 月谈干部

- 远谋是可持续的条件。
  2008 年 9 月谈让远见引领事业和人生

- 远见需要系统观和整体观。
  2006 年 6 月谈着眼全局和系统才有远见

- 执政必须研究新生代。
  2008 年 12 月在中央党校学习时谈新生代占人群总数的三分
  之一

- 跨代培养后备力量是战略家。
  2006 年 8 月对我党培养年轻干部的感慨

- 扶小助弱既是道德又是战略。
  2010 年 8 月与同志交谈

- 长远、科学、可行是决策的准星。
  1994 年春对决策科学的思考

- 多听技术人员的"异议"对决策更有意义。
  2010 年 6 月谈知识分子是实事求是的群体

- 看得远才有大思路。
  2010 年 3 月在干部大会上的讲话

- 谋划的境界决定发展质量和速度。
  2005 年春谈决策高远才能发展领先

- 最完美的未必是可行的。
  2005 年秋谈决策

- 先进不等于完美。
  2005 年秋谈完美永远在路上

- 广泛认同的绝不是超前的。
  2005 年秋谈少做人云亦云无主见的事

- 只盯眼前得失必是急功近利。

  2010 年 4 月谈急功近利者不可持续

- 实事求是包括真善美三维。

  2005 年 5 月谈要警惕把落后视为实事求是

- 防止夜郎自大须走出夜郎。

  2005 年 5 月在干部大会上谈眼界宽广才能解放思想

- 有先进的见识才有先进的思想。

  2003 年秋谈落后与先进相互同化

- 经常看先进才能防止被落后同化。

  2010 年 8 月在干部大会上谈解放思想要有标杆

- 寻求外界刺激是解放思想最经济的动力。

  2014 年 11 月谈人要经常寻找先进的坐标

- 战略家重基数，战术家重系数。

  2000 年春在山东大学读博时谈基数和绝对值重于系数

- 战略家、政治家通过制度和政策间接地惠众。

  2001 年秋在中共山东省委党校学习时谈政治家不可直惠于人

- 涉及面广的事无小事。

  2005 年 2 月接受记者采访

- 政治要重视"市场份额"和"末梢神经"。

  2003 年 3 月谈党的建设

- 决心不铁，标准不高，手段不硬，大事好事难成。

  2007 年冬对自治区领导指导工作有感

- 善于碰硬要先礼后兵。

  2013 年 7 月谈如何碰硬

- 让思想阵痛是政治保健。

  1999 年在山东大学读博时谈互动与交流对领导活动的意义

- 批评与自我批评是无形的"手术刀"。

  1999 年秋在山东大学读博时谈工作方法

- 练面子、练脑子、练行动是成大事的三个基本功。

  2016 年 9 月谈修养

- 护短是缺乏远见的表现。

  2005 年冬在新闻媒体座谈会上谈不怕亮丑、不护短才能用好外来的手术刀

- 关键影响全局，偶然影响转折。

  2016 年 11 月谈要重视关键和偶然

- 纵向比较易满，横向比较止骄。

  2017 年 6 月谈寻找先进的坐标

- 兵法的核心是存己、灭敌、神速、用奇。

  1996 年冬在山东大学读博时读《孙子兵法》有感

- 先存后胜是兵法的逻辑。

  1996 年冬在山东大学读博时悟兵法

四、
阶段论是决策者的宝剑

- 在大坐标中决策和行动才不致盲动。

  2003 年 6 月谈坐标即参照系

- 善于选择是大智慧。

  2003 年 6 月谈对错成败都是选择的结果

- 什么阶段抓什么事，不出大事。

  2006 年 10 月谈地方工作

- 在系统中看阶段，在阶段中看重点，在重点中看联系。

  1999 年秋在山东大学读博时谈决策

- 在全局中看局部，在局部中看全局、看联系。

  1999 年秋在山东大学读博时谈决策

- 谋事宏观超前，微观务实，主观辩证。

  1999 年秋在山东大学读博时谈决策

- 好的决策必须早谋加过程。

  2006 年 6 月谈万事早谋才主动

- 格局是大局与小局的组合。

  2018 年 6 月谈在大系统框架下设计小系统，小系统支撑大系统

- 全面发展不否认有阶段重点。

  2001 年春在中共山东省委党校学习时谈任何时期一切矛盾必然有主导的方面

- 民主与集中分置才能做到充分民主与高效集中。

  2008 年 4 月谈进一步优化民主与集中

- 上下互动、民主集中是决策的基本功。

  2006 年 6 月谈正确决策的程序

- 务虚会是民主议政的好形式。

  2008 年 10 月在中央党校学习时谈重大决策之前要开务虚会

- 专家辅导、官员研讨是出台重要政策的巧妙前奏。

  2008 年 1 月对中央重要决策过程的观察

- 让社会讨论的过程就是动员社会的过程。
  2003 年 6 月对领导科学的思考

- 按程序决策可矫正情绪，减少失误。
  2005 年 12 月谈程序是一种结构

- 善于找问题才能促进协调发展。
  2006 年 10 月谈地方工作

- 研究或判断事物要着眼其结构。
  1999 年秋在山东大学读博时读毛泽东的《中国社会各阶级的分析》有感

- 做事既要研究数理更要研究心理。
  2002 年秋为山东农业大学干部讲课

- 大事之后要动员社会举一反三，吸取教训，总结经验。
  2008 年 1 月对某地处理群体事件所思

- 大事及时反省，素质不断提升。
  2007 年 10 月对历史上成功者的思考

五、
重大决策要以智囊为基础、以集体为保证、以主帅为核心

- 重大决策要有知识支撑和方法保证。
  2001 年春在中共山东省委党校学习时谈决策

- 断须以辩为基础。
  2020 年 7 月由法官断案联想到政府决策

- 冷静才有时间搜索智慧。

  2005 年 2 月谈处置突发事件

- 让事物充分展现方可对其充分认识。

  1999 年秋在山东大学读博时谈展现是认识的条件，展现与认知成正比

- 在观察中酝酿智慧。

  2008 年 12 月在中央党校学习时谈遇事观察一段，让子弹先飞一会儿

- 耐心观察是主政者重要的工作方法。

  2008 年 2 月谈观察酿造智慧

- 效率必须服务于正确。

  2004 年冬谈正确是决策的第一尺度

- 十万火急也要明清原委信息。

  2004 年冬谈正确是决策的第一尺度

- 决策重大事项要多学科共"诊"，对抗式论证。

  1996 年秋为富尔达集团培训

- 不可行性论证是可行性论证的必备环节。

  2006 年春谈用反证认证正确，如加减互证、乘除互证

- 除紧急情况外，决策方案隔时执行更具理性。

  2013 年 10 月谈决策要有冷处理的过程

- 决策要分析上头、下头和外头。

  1990 年春谈工作要把握"三头"

- 决策要着眼综合价值和持续价值。

  2015 年 7 月谈远见的特征

- 寻找先进的坐标是决策者的高招。

2010 年 8 月考察浙江省建德市有感

- 谋贵众，断贵独，行贵持。
  1987 年春谈优秀主帅

- 决而不断必然一夫当关。
  2005 年 6 月谈主帅是进、退、守的关键

- 任何决策都没有完美之计，只能权衡利弊。
  2005 年 6 月谈主要领导的职责

- 决策与执行都要研究现状、目标、路径和执行人。
  2006 年 9 月与班子成员谈话

- 执行快是决策时必须研判的原则。
  2019 年 2 月谈决策的目的是执行

- 退二线的人议政具有轻装上阵的优势。
  2009 年 3 月在全国人民代表大会上所感

- 中国的人大、政协是可贵的经验智库。
  2017 年 2 月议事有感

- 败事一人足，成事众人谋。
  2017 年 6 月谈民主比独裁更安全

- 解决薄弱环节既易成功，又促平衡。
  2005 年秋谈如何加快发展

- 建设不要怕打破坛坛罐罐。
  2001 年秋在中共山东省委党校学习时谈城市建设必然有破有立

- 突破瓶颈，价值倍增。
  2005 年秋谈如何加快发展

- 补齐就是发展。

2005 年秋谈如何加快发展

- 补短板最稳健。
  2005 年秋谈如何加快发展

- 务实的思维往往产生于一线。
  2011 年 11 月检查交通安全有感

- 度，只能在实践中把握。
  2005 年冬谈经验与度的关系

- 基础性不等于唯一性。
  1998 年秋谈农业经济观

- 效率是发展的基础，公平是和谐的砝码。
  2001 年春在中共山东省委党校学习时对社会问题的思考

- 速度既是能量系数又是风险系数。
  2001 年春在中共山东省委党校学习时对社会问题的思考

- 信息不灵，做事难成。
  2006 年春谈信息的价值

- 盲从就是风险。
  2005 年 6 月谈心中有数，做事不慌

- 信息在成事、败事中时序第一，成本最低。
  2004 年 8 月谈侦察兵的意义

- 信息可以巩固人心，也可以瓦解人心。
  1999 年春对一些突发事件的思考

- 信息不对称极易导致偏见。
  2008 年 7 月谈信息传播的意义

- 展现与被认知成正比。

2020 年 7 月谈展现度与认知度成正比

六、
放不下小事，就抓不住大事

- 工作要抓重点、难点、热点、突破点。
  2006 年秋谈工作方法

- 推动工作首先要激活千军万马，其次是添砖加瓦。
  2006 年 9 月与班子成员谈话

- 政治主帅要出主意，用干部，调情绪，造舆论，督重点，抓监督。
  2007 年 2 月在干部会上的讲话

- 行政主帅要出主意，分任务，看结果，动监察，用审计。
  2007 年 10 月谈政府正副职领导分工

- 正职是设计师，副职是工程师。
  2003 年 6 月谈正副职

- 设计师见识要广，工程师知识要专。
  2003 年 6 月谈正副职

- 主帅一专多能更有前景。
  2003 年 6 月谈正副职

- 正职须心胸豁达，副职须冲锋陷阵。
  2003 年 6 月谈正副职

- 正职多做乘法，副职多做加法。

1987 年春对领导科学的思考

- 主官抓战略，副职抓战术。
  1999 年秋在山东大学读博时对领导科学的思考

- 主官管目标，副职管过程。
  1999 年秋在山东大学读博时对领导科学的思考

- 当好配角是进入主角的通道。
  2017 年 5 月谈配角

- 大制度管共性，小制度管个性。
  2006 年春对制定政策的思考

- 只有合理才能持久。
  2000 年春在山东大学读博时为鲁电变压器厂培训

- 一个权力中心不等于一个权力支点。
  1998 年秋为临沂真情集团培训

- 一把手要善于快速精准地"传球"。
  2010 年 6 月谈一把手高效工作的方法

- 集小权者小器，放小权者大器。
  2000 年春读历史人物传记有感

- 宏观管理者管方向，微观管理者管过程。
  2000 年春读历史人物传记有感

- 管理权越宏观，越需要尊重一线。
  2000 年 1 月在山东大学读博时对历史人物的思考

- 有能力统才有胆略放。
  2000 年 1 月在山东大学读博时对历史人物的思考

- 激活领导班子是调动千军万马的关键。

2006 年 9 月谈 "一把手" 职责

● 发挥领导成员的积极性是高层级的群众路线。

2006 年春在干部会上的讲话

● 原则引领，纪律保证，过程自由，行为透明是最高效的组织运行机制。

2021 年 2 月谈创新组织运行机制

● 按层次分解可变繁为简。

2000 年春在山东大学读博时为河北中捷集团培训

● 要让副职有价值。

2006 年春在干部会上的讲话

● 释放他人的能量就是释放他人的剩余价值。

2002 年谈要善于释放团队的剩余价值

● 动力问题是唤起民众的首要问题。

2006 年 6 月谈动力问题是一切工作的根本问题

● 用人导向、事业前景、福利待遇决定团队的向心力。

2017 年 6 月谈团队向心力

七、
抓大事必须抓结构

● 结构包括空间结构、顺序结构和成分结构。

2017 年 6 月谈对结构的再认识

● 形式和程序都是结构。

2013 年 8 月谈形式和程序影响行为功能

- 为了整体必须研究单体，为了单体必须研究整体。
  2008 年 10 月在中央党校谈辩证与系统思维

- 结构形成的功能最持久。
  2013 年 12 月在固原市干部大会上的报告

- 寻找主要矛盾及其联系要从结构分析入手。
  1999 年秋在山东大学读博时读毛泽东的《中国社会各阶级的分析》有感

- 结构决定事物的安全、功能、力量、效益和美感。
  2008 年 11 月在井冈山干部学院学习时谈结构的重要性

- 要素决定结构的质量，结构决定要素的能量。
  2010 年 3 月谈要素与结构的关系

- 多序列少序级是一种高效的治理结构。
  1994 年春为济南市企业经理培训

- 文明必然由形式来体现。
  1999 年秋在山东大学读博时谈形式是文明的载体

- 物皆有神，神皆托物。
  1999 年秋在山东大学读博时谈神物一体共存共生

- 审美价值与使用价值一般成反比。
  2003 年 6 月谈文明与成本成正比

- 在存量和总量不易改变的情况下，调结构最高效。
  1996 年春对领导艺术的思考

- 官员掌控结构，民众创造要素。
  2012 年 2 月谈职业特点

● 细分是效率的前提。

2019 年 2 月谈细分是重要的方法论

八、
战略是目标，方法是通道

● 目标易定，方法难求。

2018 年 7 月谈方法论更重要

● 理性地实践必须方法在前。

2017 年 11 月谈实践的价值在于方法

● 重大决策要师出有名。

2009 年 6 月谈改革艺术

● 事情的意义永远驱动着行为和技术。

2020 年 6 月谈动员文章要先论述意义

● 辨证施治，复合用力才是优秀的管理。

2000 年春在山东大学读博时谈单一的治理措施必然把人引向极端

● 没有措施的计划是假设。

2000 年 5 月在山东大学读博时谈限时工作

● 成功不在于定目标而在于实现目标的方法。

1997 年 6 月谈硬功夫主要体现在实现方法上

● 同样的目标因不同的路径和手段会产生不同的结果。

1997 年秋谈目标是境界，方法是硬功

- 科学的方法是最可靠的执行力。
  2002 年 12 月谈执行力的实质是解决矛盾的方式和方法

- 目标要坚定，方法要辩证。
  2008 年 2 月谈既没有万能的道理，也没有万能的方法

- 工作千头万绪，人是第一绪。
  2000 年春谈人的重要性

- 抓核心和抓骨干是创造组织能量的关键。
  2005 年春谈"一把手"工作

- 从分析人入手是推动工作的根本抓手。
  1992 年秋谈人是事情的根本所在

- 人是土壤，先耕后种。
  2003 年 5 月谈为官为民与做人处世同理

- 开发团队既要开发心又要开发脑。
  2003 年 5 月谈组织建设

- 方法，一半是智慧，一半是坚韧。
  2002 年 12 月谈方法是圆梦的梯子

- 违背公认的规矩则凶多吉少。
  2000 年春为鲁电变压器厂培训

- 解决问题三元力优于二元力。
  2015 年 7 月谈工作方法

- 明向、扶助、作则才是优秀的父母官。
  2009 年 6 月谈官的责任不是管

- 备武慎用，以德化政。
  2023 年 3 月谈备武慎用，以德化政

- 真正的领导力是影响力。
  2005 年 10 月谈一把手要用人格、思想产生磁场

- 倡德、辅法、尊民、律官，执政之要。
  2023 年 3 月谈备武慎用，以德化政

- 俯瞰才能识全局。
  2023 年 3 月谈纬度决定视野，高度影响心态

- 在利益的左右下，真理不可能人人都拥护。
  2008 年 9 月在中央党校学习时谈对有些人而言真理代替不了
  利益

- 从事社会工作必须分析社会阶层。
  2008 年 9 月在中央党校中青班学习时谈毛泽东的《中国社会
  各阶级的分析》

- 研究社会，归纳优于演绎。
  2006 年春谈思想方法

- 做人的工作直来直去未必高效。
  2000 年春谈社会科学不同于自然科学

- 把握了事物的特殊性就把握了成功。
  2007 年 10 月谈要成功必须把握事物个性

- 首先是抓重点，其次是弹钢琴。
  1989 年春在中共山东省委党校学习时为企业培训

- 只顾其一，必阴阳偏执。
  2004 年 10 月讲阴阳互动工作法

- 中庸即平衡。
  2014 年 6 月对中庸的再认识

- 过于务实，难以升华。

2004 年 10 月谈做事要阴阳平衡

- 单求实用，必失美感。
2009 年 7 月谈美是文明的趋势

- 职能是权力的载体。
1996 年夏为企业培训

- 调整职能就是调整权力。
1996 年夏为企业培训

- 予和夺都是权力。
2005 年春对职权现象的分析

- 简约的都是优秀的。
2008 年 7 月谈简约是抓住本质的简单

- 用简约的方法解决复杂的问题是战略家。
2006 年春对工作方法的思考

- 新生代成为主流之时乃社会变革之日。
2017 年 5 月社会变革

- 百姓切身事须听百姓言。
2012 年 8 月谈决策

- 对大志者以长期激励为主，对小志者要即时激励。
1996 年秋对领导科学的思考

- 期权制可以运用到各个组织。
1996 年秋谈把企业管理机制引入政府

- 高潮到达之日，工作纠偏之时。
1987 年春对领导科学的思考

- 专职专责可增强压力，调动潜力。

2006 年 6 月谈创新专事、专人、专责工作法

● 传导环节越多，信息失真的可能性越大。
　1999 年秋在山东大学读博时谈压缩传导环节是高明之举

● 信任催生忠诚，但不能用信任代替管理。
　1997 年春在山东大学读博时对领导科学的思考

● 态度随和，方式随便，才能听到民忧民怨。
　2004 年冬谈调研

● 实、细、快、美，才是优良的官风。
　2005 年 3 月谈不实、不细、不快、不美是干部的恶习

● 检查工作是了解干部的好方式。
　2003 年春谈检查工作既能察事又能察官

● 走到基层才能体察真情。
　2000 年春谈要用五官的合力，不可单凭耳力

● 到一线，看一看，既察事又察官。
　1988 年 10 月在中共山东省委党校学习时谈一线工作法

● 看百姓，串串门，信息原汁原味。
　1988 年 10 月在中共山东省委党校学习时谈一线工作法

● 到基层，看一看，听一听，既能发现基层问题，又能增加群
　众感情。
　1988 年 10 月在中共山东省委党校学习时谈一线工作法

● 到现场，瞧一瞧，是抓落实的实招。
　1988 年 10 月在中共山东省委党校学习时谈一线工作法

● 以乌纱帽为中心必致社会涣散。
　2017 年 5 月谈官场现象

- 对下级耍威风的人往往是对上级卑微的人。
  2017 年 5 月谈官场现象

- 事物一旦聚焦、聚集就会产生高能量。
  2005 年 10 月谈工作要聚焦，问题（群体事件）无聚集

- 共利取决于强者。
  2017 年 5 月谈势均力敌不可能共利

九、
号令千军万马必须标准先行，标准决定价值

- 标准先行是推动工作的要领。
  2005 年 6 月接受记者采访时谈标准是管理的尺度

- 标准是大规模行动的指南。
  1985 年 10 月在植树造林现场有感

- 决策没有高标准，执行就不会有高水平。
  1999 年秋在山东大学读博时谈高标准才能可持续

- 规模越大的事业越需要质量做保证，成者是功臣，败者是罪人。
  1986 年 2 月组织植树造林时谈标准决定价值

- 考核是指挥棒，务必聚焦大方向。
  2005 年 9 月谈考核

- 当年兑现，三年平均，五年通算有利于长期激励。
  2005 年 9 月谈 "鸦片式" 激励葬送组织

- 考核内容烦琐会锁住下级创新的手脚。
  2015 年 2 月谈日本索尼公司的教训

- 管理量化，效率神化。
  1987 年春对领导科学的思考

- 好政策必须是利益性和操作性的统一。
  2006 年春谈政策生命

- 分工负责才是真正的负责。
  2014 年 10 月谈集体负责

十、
号召加指导，工作才高效

- 轰轰烈烈的事业必须依靠基层，依靠大众。
  2003 年 6 月谈群众的力量

- 最简单的工作方法是抓基层、抓典型。
  2003 年 5 月谈工作有多层，首先强基层

- 现场办公可以推动地方与部门互动。
  2006 年春谈工作方法

- 上级试点是难得的资源。
  2003 年秋谈借力

- 争取上级的支持是下级必备的能力。
  2001 年春在中共山东省委党校学习时谈工作能力

- 争取外部资源的能力是第一领导力。

  2022 年 3 月谈领导力的核心首先是善于争取外部资源，其次是释放团队能量

- 示范，是最好的动员。

  1992 年春谈典型的价值

- 典型，是直观的经验。

  1992 年春谈典型的价值

- 决策要民主，执行要高效。

  1999 年秋在山东大学读博时谈决策需要智慧，执行需要力度

- 决策要准，执行要狠。

  2006 年春谈决策要实、要细，执行要紧、要狠

- 造势性会议宜大不宜小，落实性会议宜小不宜大。

  1999 年秋在山东大学读博时谈领导与管理的区别

- 用比较引导反思。

  2007 年 8 月谈工作方法

- 引导团队多看星星，人们才能少看角落。

  1997 年 12 月在山东大学读博时谈要重视引导团队的注意力

- 价值和意义是第一驱动力。

  2006 年 9 月谈要用价值和意义唤起民众

- 为谋生而劳痛苦，为意义而劳幸福。

  2010 年 6 月谈让意义引领人生和工作

- 用普遍规律把握方向，用特殊规律保证质量。

  2003 年 5 月在经济会议上的讲话

- 好官，既要做领头羊，又要做牧羊人。

  2003 年秋谈领导角色

- 研究是指导的前提。
  2007 年冬对领导指导工作有感

- 推动工作要把下命令与抓典型结合起来。
  2007 年秋对中央表彰道德模范的思考

- 工作要抓关键的事、关键的人、关键的时。
  1996 年秋为企业经理授课

- 要用科学、效率、成本去检验执政效能。
  1999 年秋在山东大学读博时谈现代政府是特殊的企业

十一、
工作艺术主要体现于工作程序和沟通方式

- 情感释放潜能。
  1996 年春谈情感是人的内动力

- 联谊是管理的润滑剂。
  2016 年 7 月谈工会经费要向班组倾斜，为班组联谊创造条件

- 定向、造势、调心、理气，是主帅的常功。
  2003 年 5 月谈领导的基本功

- 指导、关怀、肯定、联谊有利于强化凝聚力。
  2003 年 5 月谈领导的基本功

- 沟通才能调心、理气、活血、化瘀。
  2003 年 5 月谈沟通可以打通信息屏障和感情围墙

- 沟通是理解的前提，理解是维护的条件。

2000 年春在山东大学读博时为河北中捷集团培训

- 拨动了人心就能四两拨千斤。
  2006 年 9 月谈要善于用心理学推动工作

- 领导与下级互动，彼此智慧无穷。
  1999 年秋在山东大学读博时谈互动与交流对领导工作的意义

- 美的程序可以感化人心。
  2003 年 5 月谈做事要注意程序美

- 沟通协调是必不可少的时间成本。
  2006 年 9 月谈没有前期的麻烦就没有后期的简单

- 统一思想犹如乐队演奏前的“对调”。
  2014 年 11 月谈艺术与效率的关系

- 工作艺术需要牺牲一定的效率。
  2014 年 11 月谈艺术与效率的关系

- 妥协有时是务实地坚守。
  2014 年 11 月谈艺术与效率的关系

- 批评若导致消极是批评之大忌。
  2010 年 5 月谈批评是为了期待

- 批评要先“YES”后“BUT”。
  1990 年谈批评和做思想工作都要先“充气”后“运球”

- 在核心层实施愉快式管理有益于核心层的向心力。
  1996 年秋谈维系核心层的向心力更需要感情

- 批评的冲击力越强越容易反弹。
  1996 年秋在山东大学读博时对领导科学的思考

- 批评人应多批现象，少论动机。

2003 年春谈批评人勿伤人心

- 先软后硬更主动。
  2009 年 3 月谈社会工作方法

- 伤面子的批评可能会给小心眼的人留下硬伤。
  1996 年秋在山东大学读博时谈面子连心，伤面伤心

- 发脾气往往缘于权势和居高临下的心态。
  2014 年 1 月谈以平等的心态化解脾气

- 发脾气的真正效应是利他人伤自己。
  2014 年 12 月谈少发脾气

- 对话要少用否定句和反问句。
  1996 年秋在山东大学读博时谈否定、反问会让对方产生不悦或敌意

- 愉悦的环境和心境会使更多的人释放潜能。
  1996 年秋谈环境、心境对人的影响

十二、
软弱是主帅的政治缺陷

- 政治家是产妇，评论家是接生婆，接不接都要生。
  1999 年秋在山东大学读博时谈政治家的特性

- 政治家、军事家、企业家都是情商统领智商。
  2005 年春谈企业家

- 做事不刚难成，做人不柔难守。

2017 年 11 月谈工作要始于刚

- 政治家、军事家、企业家中铁腕人物居多。
  2005 年春谈历史人物

- 主帅不振，三军丧志。
  2003 年春谈领导的精神状态带动下属的激情

- 有性格的人创造奇迹或改变历史。
  2000 年春在山东大学读博时感悟人生现象

- 性格是天性，格局是修养。
  2018 年 11 月谈人的先天之性与后天修养都能影响人生

- 主帅必须形成主导的执政地位。
  2010 年 6 月谈副职要维护主帅

- 权威只能在"真枪实弹"中形成。
  1999 年秋在山东大学读博时谈成长要经风雨

- 没有刚性就没有弹性。
  1992 年秋谈刚是柔的后盾

- 事业开拓期，效率第一、艺术第二。
  2000 年秋对领导科学的思考

- 圣人无硬功。
  1998 年秋在山东大学读博时读史有感

- 勇于牺牲自身利益的人才能推动社会发展。
  2004 年 5 月谈工作要敢抓敢管

- 政府要服务多数，强制少数。
  2002 年 12 月谈历史现象

- 剑与笔是历史的两个本原符号。

2000 年春在山东大学读博时读史有感

- 在阶级社会中过于理想化是失败的思想原因。
  2000 年秋谈执政口号不宜过于超前

- 职责错位是最大的浪费。
  1998 年夏在山东大学读博时为山东鲁花集团培训

- 上级部门管方向和总量，下级部门要管过程和事项。
  2015 年 2 月谈放权

- 政府对敌对势力要多行动，少辩论。
  2002 年秋谈与敌对势力辩论极易把敌对方声势造大

- 若始于善，一切皆可为。
  2001 年冬在中共山东省委党校学习时谈工作方法

- 只要济世可以破清规。
  2007 年 8 月读《朱元璋》有感

- 大仁必须纠不仁。
  2000 年春在山东大学读博时谈孔子的仁政

- 政猛经缓，权固物兴。
  1996 年冬在山东大学读博时谈对唐代武则天执政时期的感想

- 君不改造臣，臣必改造君。
  1990 年 2 月谈领导权威

- 古今成功者都是霸道与王道之兼容。
  1992 年冬谈历史人物

- 担当，可靠，百姓一定会称道。
  1992 年冬谈历史人物

十三、
勇敢是成功的第一门槛

● 政客牺牲公众利益服务私利，政治家牺牲个人利益服务
公众。

　　2008 年 10 月在中央党校学习时谈既要反贪官，又要反庸官、防政客

● 解决矛盾才能推动发展。

　　1998 年秋谈成功有许多门槛

● 政治家是观念力与执行力的统一。

　　1997 年秋在第一届国际《孙子兵法》论坛上发言

● 幻想削弱决心。

　　2013 年 8 月谈工作要靠自身努力且莫幻想风调雨顺

● 主帅若不是动力就是阻力。

　　2007 年冬谈主帅的重要性

● 矛盾若无法回避，解决矛盾就要千方百计。

　　2010 年 6 月谈攻坚克难

● 看准了事，看准了人，决一战，才能干成难事大事。

　　2010 年 9 月谈招商引资

● 在有绝对权威的情况下，对看准了的事可以用结果统一
思想。

　　2000 年秋谈邓小平推动改革

● 按政治门铃需要智慧和业绩兼具。

　　2013 年 6 月于芬兰考察时有感

- 推动工作要抓心理起点、利益卖点、骨干支点。
  1996 年冬为鲁花集团授课

- 效率与艺术不可能同时出现。
  2000 年秋对领导科学的思考

- 少请示多汇报，有益创造。
  2008 年 1 月谈如何创新

- 对事负责是最高尚的责任心。
  2020 年 9 月谈对人负责未必高尚

- 礼仪过度，损伤效率。
  1988 年 10 月在中共山东省委党校学习时对礼仪与效率的思考

- 过于谨慎约束能力。
  2001 年夏在中共山东省委党校学习时对行为、气质的思考

- 大事急事务必用足能力或权力。
  2001 年 5 月对某事想到却没有做到而错失机会的感悟

- 理论家是参谋长，政治家是司令员。
  2001 年春在中共山东省委党校学习时谈理论家可以只说不练，政治家必须既说又干

- 政治明、经济清、作风正才能敢想、敢说、敢做。
  2005 年 6 月谈明、清、正是官员事业的根

- 用权不慎，伤己伤人。
  2013 年 8 月谈权力是老虎

- 想三步，才理性。
  2013 年 10 月在中欧国际工商学院学习时有感

- 过于超前者多数会失败。
  2012 年 8 月谈过于超前者不是政治家，大都是理论家、理想家

- 打破平衡，寻找平衡，往复交替，必有奇迹。
  2013 年 6 月谈打破平衡才能推动前进，寻找平衡才能保证前进

- 解决复杂问题需要过程和时间。
  2009 年 12 月谈时运对解决问题的重要性

- 密度决定硬度，工作硬度可以通过密度去实现。
  2018 年 6 月谈密度产生硬度

- 情商是生产关系，智商是生产力。
  1987 年春对领导科学的思考

- 干事一要靠脑子，二要靠胆子。
  2001 年谈有远见、不怕事才能成大事

- 大胆不妄为，必有大作为。
  2000 年 6 月于山东大学读博时谈个性与事业

- 彰才华，守底线，事成人安。
  2017 年 10 月谈抱阴守阳

- 机遇靠胆量赢得。
  2008 年 10 月在中央党校学习时谈谨慎怕事很难产生大智慧

- 胆以智为根，智以胆而行。
  2005 年 5 月在干部大会上的讲话

- 科学与胆量，合成大能量。
  1997 年春在山东大学读博时对情商的思考

- 勇敢的人未必都是能人，但能人必然是勇敢的人。
  1998 年秋谈成功有众多门槛，勇敢是第一门槛

- 毅力是素质的最高境界。
  1996 年春在山东大学读博时谈情商

● 不处极端，留有余地，胜可续，败可起。

  2008 年 1 月谈万事都要着眼长期价值

十四、
缓猛交替，必有盛世

● 与时代俱进、与世界俱进是政党长盛不衰的哲学根源。

  2000 年 1 月写论文时所思

● 主调不变，坚持完善，是政党长生的经验。

  2008 年 2 月学习文件有感

● 政党的先进性主要是思想方法、执政方式和社会人格的先进性。

  2005 年 6 月在先进性教育动员会上的讲话

● 人民性和自我革命性是先进政党的本质属性。

  2016 年 12 月讲党课时谈发扬光明正大的政治品格

● 政见不同乃客观存在，公开优于阴谋。

  2016 年 12 月讲党课时谈发扬光明正大的政治品格

● 防止社会权贵化是政权建设的焦点。

  2008 年 6 月谈政权建设

● 防止政治异化是执政党的战略任务。

  1999 年秋在山东大学读博时谈反腐败

● 任何组织都必须坚守人民至上的天条。

  2001 年春在中共山东省委党校学习时对政治、经济、社会组织发展规律的思考

- 以人民为主体的治理体制是防政权体制异化的体制保障。

  1999 年秋在山东大学读博时谈执政要防止政治异化

- 官理民、民理官要有序地交替互动。

  1999 年秋在山东大学读博时谈执政要防止政治异化

- 反腐败就是反政治异化。

  2001 年春在中共山东省委党校学习时对政治组织发展规律的思考

- 没有人民的觉醒和参与，一切变革都是不彻底的。

  1989 年春在中共山东省委党校学习时谈"人民战争"的意义

- 民主的首要问题是权力来源问题。

  2013 年春谈选举制是民主政治的基础

- 执政要放弃一时的面子，鼓励反思，除弊兴利。

  2008 年 1 月对某地处理群体事件有感

- 由政权做支撑的改革，其成本远远小于革命。

  1998 年秋于山东大学读博时谈改革成本

- 敏感而又必须变革可隔代立法，隔代实施。

  2008 年 8 月在中央党校学习时对建设行政副中心的建议

- 戊戌变法，权弱必垮。

  1998 年秋在山东大学读博时谈政治变革需要权力或暴力作保障

- 政治集权、经济放宽是唐宋前期兴盛的经验。

  1984 年冬在山东师范大学读本科时读史有感

- 只有制度文明才有持久的社会文明。

  2005 年秋对政治制度的思考

- 多元当中有主体是健康的社会结构。

2010 年 2 月谈稳定的结构都是多元当中有主体

● 唐朝中枢是皇帝统辖的中书省决策，门下省复议，尚书省执行。
1996 年冬在山东大学读博时读史有感

● 官制、兵制、法制是任何国家必备的政治支柱。
2014 年 1 月谈政治体制

● 官簿子、枪杆子、密探子是封建社会统治的利器。
2008 年 10 月于中央党校学习时读史有感

● 矩阵式管理体制有利于条块之间互补、互制、互动。
1996 年冬在山东大学读博时读史有感

十五、
菩萨心、霹雳剑是优秀主帅的两件宝

● 菩萨与包公要因时因事就位。
1996 年春在山东大学读博时为企业培训

● 兵者，刚柔也，况政乎？
2020 年春读《吴起兵法》有感

● 统治需要道理、利益、感化、强制多元发力。
1990 年 8 月谈政权

● 攻坚克难必须身心正、思路明、作风硬。
2006 年春对领导干部干事、成事的思考

● 推动工作要始于阳刚，趋于中正。
2003 年 2 月读《周易》《论语》有感

- 总结成绩，细摆问题，更有动力。
  2008 年 6 月谈总结工作

- 主帅的威信来自轰轰烈烈的事业而不是人缘。
  2007 年 2 月调离平罗县时收到大量的感谢短信有感

- 不同的角色威信的支点各异。
  2004 年秋谈"一把手"威信的支点是推动发展

- 用行为传播的形象、用业绩彰显的形象才是真形象。
  2008 年 11 月在井冈山干部学院学习时谈官员形象

- 善惹善救才能高效推动工作。
  2010 年 5 月谈主帅不能和稀泥，要善惹善救

- 压不住少数就对不起多数。
  2006 年 5 月对执政权威的思考

- 过硬的队伍必须靠严细的管理。
  1996 年春为润华世纪集团培训

- 带兵初始从严从细，来日才能省心省力。
  2005 年夏谈秘书严谨细致，领导省心省力

- 人的潜能，一要激，二要挤。
  2003 年 3 月与干部谈话

- 惩罚是高效的教育。
  2003 年 4 月感悟"非典"疫情

- 虎无威，不如猫。
  2006 年春谈干部要履职尽责

- 严厉不等于暴躁。
  2003 年 2 月谈工作艺术

- 主帅要平时亲，战时厉。
  1996 年冬读《孙子兵法》有感

- 对部下最大的人文关怀是政治关怀。
  2008 年 3 月谈对干部要调动情绪

- 缰紧马静，缰活马跃，缰失马狂。
  1996 年春谈执缰有方马温顺

- 执政要利驱之，德修之，法规之。
  2014 年 5 月谈利益、道德、法制是执政的利器

- 理直就要气壮。
  2006 年 3 月在干部会上的讲话

- 执政者代替不了所有人的利益。
  2004 年 10 月读史有感

- 推动工作要利驱之，理导之，法催之，礼慰之。
  1998 年春谈工作方法

- 风气变坏，人人受害。
  2015 年 6 月谈一切向钱看，人心就会变

- 对事要猛，对人要慈。
  2000 年 1 月谈官德

- 对官要猛，对民要善。
  2000 年 1 月谈官德

- 群众造世，精英治世，是辩证的历史唯物主义。
  1999 年秋在山东大学读博时谈人类历史现象

- 发展尚齐，守成尚鲁。
  2000 年 1 月谈齐鲁文化差异

十六、
处置急、难、险、重性突发事件考验着情商、道德和能力

- 处置急、难、险、重事件，分段分层，则从容镇定。
  2005 年 6 月谈应急处突

- 大规模的事无小事。
  2005 年 6 月接受记者采访

- 处理灾难性事件的原则：
  启动预案，分工救援；
  一线指挥，掌握灾情；
  维持秩序，疏散群众；
  安抚伤员，善待亲朋；
  分散住所，避免集聚；
  掌握真相，报告上级；
  重视舆论，善待媒体；
  事故鉴定，科学定性；
  追究责任，平愤正名。
  2000 年冬有感于某地突发事件

- 处置群体性事件的原则：
  宜疏不宜堵，宜分不宜聚；
  宜早不宜迟，宜劝不宜激。
  封锁交通，控制现场；
  对话代表，室内沟通；
  回应诉求，原则申明；
  官错必改，民错必纠；
  制止违法，处置领头。

2001 年冬在中共山东省委党校学习时谈处置群体事件

● 处置质量事件的原则：

救死扶伤，人道至上；

批次锁定，技术鉴定；

通报原因，合理正名；

善待媒体，善言沟通；

亡羊补牢，追责严惩。

2014 年 3 月谈应急处置能力

● 处置负面新闻的原则：

依据事实，礼法并行；

事实相符，立即改正；

回馈媒体，态度坚定；

事实不符，立即申明；

语言温和，礼法并用。

2010 年 2 月谈应急处置能力

● 召开负面事件新闻发布会的原则：

讲事实，少定性；

讲态度，讲过程；

讲措施，讲现状；

官方讲，专家讲。

2013 年 5 月在中欧国际工商学院学习时谈应急处置能力

释放他人的能量就是
领导者的能量

H

一、
分权意识强的人是帅才

- 充分释放大众的心力、智力、能力，才是高超的领导力。
  2003 年春谈领导干部的境界

- 相信干部觉悟、相信干部能力、相信国家法纪，是放权的政治逻辑。
  2003 年春谈领导干部的境界

- 让下属做主人翁，管理就省功。
  2016 年 10 月谈管理要以释放下属能量为主，以控制为辅

- 独立核算机制是最好的自我管理机制。
  2020 年 10 月谈某服装品牌的管理

- 主帅一要下放权力，二要保护干部。
  2005 年 6 月谈放权和保护积极性才能释放生产力

- 工作权力要分散，受权滥用要严办。
  2005 年 5 月谈工作方法

- 话语权使主帅伟大，操办权使主帅悲哀。
  2010 年 7 月在干部大会上讲话谈包揽操办权既辛苦又有风险

- 帅、将、兵三者，将是能量的变速箱。
  2005 年 5 月谈工作方法

- 敢担责的人必是责任心和能力兼优的人。
  2010 年 7 月在干部大会上的讲话

- 责任心与能力缺一，勿托重任。
  2005 年 5 月谈工作方法

- 事必躬亲的范围越大，频率越高，做成大事的可能性越小。
  2005 年 10 月谈"一把手"的工作原则

- 将以建功为荣，帅以用人为能。
  1999 年秋于山东大学读博时谈正副职职责错位是最大的浪费

- 领导即自己想事，让下属干事。
  2005 年 10 月谈"一把手"的工作原则

- 无论是政治还是经济，既要重视骨干，又要重视群体。
  2008 年 1 月谈骨干与群体要兼顾

- 激励是最强力的导向。
  2015 年 11 月谈导向必须配套激励

- 激励与强迫都是驱动力。
  1984 年冬在山东师范大学读本科时读《韩非子》有感

- 润滑和摩擦都是克服阻力的方法。
  2020 年 4 月做家务所感

- 对于敌我矛盾，协商与激励无济于事。
  2020 年 6 月谈协商与激励是内部管理机制

- 群策群力有助于多视角审视问题。
  1996 年秋为富尔达集团培训

- 群众路线是释放和利用众人智慧和能量的路线。
  2010 年 4 月谈要通过制度使全社会人人成为智慧源和动力点

- 思想灌输的过程就是导向的过程。
  2016 年 10 月谈软功才能长效

- 职务与权力是成事的工具或杠杆。
  2001 年 1 月在中共山东省委党校学习时谈事业杠杆

- 赋权是最高效的激励。

  2001 年 1 月在中共山东省委党校学习时谈激励

- 赋权是规模优势与组织活性相结合的关节。

  2001 年 1 月在中共山东省委党校学习时谈组织规模与组织生活性的统一

- 被信任度与幸福成正比。

  1999 年秋在山东大学读博时对领导科学的思考

- 旗子、帽子、袋子、面子、板子是管理者的工具包。

  2006 年 2 月谈即期管理

- 给团队加温是最好的驱动力。

  2020 年 5 月谈驱动力

- 发"袋"不发"米"是最科学的经济激励。

  2016 年 2 月谈经济激励

- 分工、分层、分解是抓落实的基本方法。

  2006 年 10 月谈抓落实

- 让多数人动脑、动手,才是最优的领导方法。

  2006 年 9 月与班子成员谈话

- 高效的机制必须用规范代替请示。

  2018 年 6 月谈用规范提高运行效率

- 直接支配是最低级的管理。

  1987 年春对领导科学的思考

- 量事分工是领导者的首功。

  1987 年春对领导科学的思考

- 大事业必须由团队去实现。

  2005 年 6 月谈团队的作用

- 重团队是大生产，重个人是小作坊。
  2008 年 1 月谈团队的重要性

- 多元激励才能创造多元动力。
  2007 年秋谈要多元激励，让群体都有希望

- 表扬是无成本的奖励。
  2003 年 5 月谈表扬可以激发人的潜能

- 得人心在于关键事。
  2008 年 12 月在中央党校学习时对社会现象的感悟

- 精神处罚有利于救人心。
  2006 年春对新加坡鞭刑的思考

- 有错必纠不等于有错必究。
  1997 年春为企业培训

- 情绪与能量成正比。
  1999 年秋在山东大学读博时谈抓班子带队伍必须调动情绪

- 激励不能使猴子成为骏马。
  1996 年秋谈积极性不是万能的

- 在知识经济年代积极性救不了一切。
  1992 年秋谈激励不是万能的

- 释放人的能量一要着眼生产关系，二要着眼生产力。
  1992 年秋谈激励不是万能的

- 坚决地呵护先进的生产力。
  2005 年冬谈支持干部工作

- 大胆回报事业上拼命的人。
  1988 年秋在中共山东省委党校学习时谈让能干事的人在政治
上、经济上立竿见影

- 荣誉激励，动力久，成本低，适应广。
  1996 年春对领导科学的思考

- 角色与释放潜能成正比。
  1984 年 5 月在山东师范大学读本科时谈职务是干事业的杠杆

- 角色影响境界，职业影响潜能。
  1984 年 5 月在山东师范大学读本科时担任班长的感想

二、
识人用人是主帅配置资源的第一要务

- 人才辈出是组织的战略价值。
  2017 年 3 月谈人才辈出与组织生机活力成正比

- 劳心于人，省力于事。
  2010 年 11 月谈主帅选人用人

- 事业要高产，选"种"是关键。
  2006 年春谈选拔干部

- 导向和发展方略是聚心聚力的两面旗帜。
  2006 年秋对宁夏回族自治区党委执政方略的感想

- 宏观靠思路，微观靠执行。
  2006 年 6 月谈用人

- 抓吏制是执政的总抓手。
  2005 年 3 月谈"一把手"工作

- 既出主意又用干部才是真正的执政。

2005 年夏谈执政的标志

- "一把手"的性格、能力、志向是选官的筛子。
  2011 年 7 月谈"一把手"素质至关重要

- 济世的机遇百年不遇，济人的机会无时不在。
  2012 年 10 月谈通过济人可济世

- 济事、济人都可济世。
  2012 年 10 月谈通过济人可济世

- 具有优秀主帅阅历的人主吏部有助于人才辈出。
  1988 年春读史书有感

- 吏部官员的水平影响着所选官员的水平。
  1988 年春读史书有感

- 核心层要有共识之士。
  2005 年冬谈共识才能共谋

- 层次越高，越重共鸣。
  2006 年 9 月谈领导者心态

- 非同频，难共振。
  2020 年 11 月谈同频才能共振，共振才能共谋

- 调动一切积极因素不等于没有骨干。
  2005 年夏谈选用干部

- 关键岗位的人绝不可平衡与迁就。
  2011 年秋谈选用干部

- 关键时、关键事要用关键的人。
  1996 年秋为全省企业经理班培训

- 用人有时会失察，但不能因噎废食。

1997年春在山东大学读博时谈用人不可轻用，但不能不用

- 人才是历史积淀的产物，近选远育。
  2006年春谈干部选用

- 良木易雕，既有的素质更重要。
  2010年10月谈选人更高效

- "野生"的人才比培养的人才更具开拓性。
  2018年6月谈"野生"人才以道或心性成事居多，培养的人才以术成事居多

- 用人，一要选种子，二要造气候。
  2006年春谈干部选用

- 寒士更加珍惜阳光。
  1997年春在山东大学读博时为山东省司法系统干部班培训

- 修旧利废是重要的用人方略。
  2007年秋对干部工作的思考

- 公平公正既是良心所使，又是社会所迫。
  2015年1月谈公平公正既是一种境界，又是一种方法

- 风正，可以让人一心一意地工作。
  2006年春谈用人

- 战果是最公道的用人砝码。
  1997年春在山东大学读博时为山东司法系统干部授课

- 受压抑的人一旦获得平台必有爆发力。
  2007年秋谈要注意使用受压抑的人

- 先看结构，再看德才，会失掉一批人才。
  2009年7月对一些现象的分析

- 缺乏数据意识的人，大都是做事不扎实的人。
  1988 年春对干部工作作风的思考

- 民主评议的准确性，取决于归类分析。
  1988 年冬在中共山东省委党校学习时谈选官

- 哲学思维、专业知识、工作阅历是判断官员潜力的窗口。
  1988 年秋在中共山东省委党校学习时谈选官

- 管理层级必须与知识广度、思想境界成正比。
  2000 年 8 月在山东大学读博时为企业培训

- 培养人才看潜力，激励人才看显绩。
  1988 年秋在中共山东省委党校学习时谈选用干部

- 专家管理行业有助于行业现代化。
  2000 年春谈用人

- 复合型人才治理地方有助于驾驭社会。
  2000 年春谈用人

三、
道德、能力、性格是人岗匹配的三基石，权重因岗而异

- 识人需要三筛，交往筛之，事情筛之，时间筛之。
  2017 年 10 月谈识人

- 情商是释放德才的总闸门。
  2017 年 10 月谈识人

- 凡是时代的弄潮儿都是能人。
  1997 年秋谈历史现象

- 战争尚武不尚诗，曹操责丕而选丕、爱植而弃植。
  1997 年春在山东大学读博时谈选人要与主要任务相适应

- 用能者开疆，用德者安邦。
  2016 年 4 月谈能力治人，道德服人

- 人无全能，各有其性，人岗匹配，事业兴盛。
  2009 年 5 月谈对干部勿求全责备

- 贤者未必都有功，功者未必都是贤。
  2001 年冬在中共山东省委党校学习时对历史人物的分析

- 烈马历险，厚牛耕田，用人要专。
  2007 年 3 月谈选干部

- 多一分单纯，则多一分激情，少一分阴谋。
  2005 年 6 月观看儿童节联欢会入场式有感

- 激情者冲锋，冷静者司令。
  2005 年 6 月谈选用年轻干部

- 职务是事业的引擎，切勿用于奖赏。
  2019 年 4 月感古代"德高授官，功高授禄"思想

- 若把官职作为奖赏，焉能治事？
  2012 年 9 月谈用人不看感情，看德行

- 智商胜于情商的人不宜做主帅。
  1988 年秋在中共山东省委党校学习时谈选干部

- 太精明者往往因误时局而误大局。
  1988 年秋在中共山东省委党校学习时谈选干部

- 主帅不喜欢被动的兵。
  1988 年秋在中共山东省委党校学习时为润华世纪集团培训

- 善执行、耐挫折、"傻乎乎"就是好干部。
  1988 年秋在中共山东省委党校学习时为润华世纪集团培训

- 做官要利民生、行民主、身自廉、心自谦，自谦是关键。
  2011 年 6 月谈好主帅的执政方向

- 贤者在野多于在朝，供职不可骄傲。
  2020 年 10 月谈为官须谦

- 方向确定后，方法就是决定性因素。
  2008 年 10 月在中央党校学习时读毛泽东《关心群众生活，注意工作方法》有感

- 事业型人才是最优秀的人才。
  2020 年 7 月谈以事业为第一追求的人才是自驱人才

- 敢担当、善付出、耐挫折是最直观的官德。
  2014 年 6 月谈官德

- 敢于冲锋就是道德，拿下碉堡就是能力。
  2006 年 2 月对干部工作的思考

- 务必呵护、重用自身正、敢碰硬、讲方法、比业绩的干部。
  2010 年 7 月在干部大会上的讲话

- 软蛋不宜在一线。
  2005 年 3 月谈一线干部要有硬功夫

- 硬功夫是一线干部立足的基石。
  2005 年 3 月与基层干部谈越是一线越要真枪实弹

- 让组织省心的人是能人。
  2008 年 1 月对某省主要领导工作方略的思考

- 对能者要多看结果，对弱者要关注过程。

  1988 年秋在中共山东省委党校学习时为企业培训

- 多用善于执行的人。

  2001 年春在中共山东省委党校学习时谈团队中 80% 的人要善于执行

- 直爽是忠诚的基础。

  2010 年 2 月在银川与领导交流所感

- 寒士宜带兵，富门宜理财。

  2013 年 9 月谈出身与职业的适配性

- 能力不足固然不完美，品德不好可能是地雷。

  2009 年 6 月读史有感

- 家妻近臣，德为先。

  2006 年春学习历史有感

- 从做事看做人是最准的识人。

  1997 年春在山东大学读博时谈选用干部

- 形势变迁看德行，急难险重看才能。

  2007 年 3 月谈在急难险重的大事件中发现干部、考验干部

- 两面派得不到政治家的爱。

  2007 年 3 月谈成吉思汗杀叛逆不是杀人，杀的是背信弃义

- 事物的实际价值取决于需求或心动。

  2017 年 10 月谈事物价值相对于主体的心态

- 用好左右手，事兴政无忧。

  2011 年 9 月谈工作方法

- 人如器，要着眼其使用价值。

  1997 年春在山东大学读博时谈选用干部

- 人如器，用其利，规其弊，无须多顾忌。
  1997 年春在山东大学读博时谈古人用人

- 人如器，坚固耐用继续用，半途而废有前功。
  1997 年春在山东大学读博时谈古人用人

- 烈马难驭，能者不卑。
  2005 年冬谈人才现象

- 聪明、能干、听话，难三全。
  2005 年冬谈人才现象

- 好胜者往往好斗。
  2010 年 12 月谈人的性格与行为

- 有人善干事但未必善做官，有人善做官但未必善干事。
  2010 年 3 月谈干部要干事

- 良人是良法、良治、良功的前提。
  2004 年 8 月谈人的素质的重要性

- 无论何法何制，人的素质第一。
  2004 年 3 月谈制度不是万能的

- 同天、同地、同法、同制，结局不一，根在素质。
  2004 年 3 月谈制度不是万能的

四、
职业通道越多，职业活力越强

- 复杂的社会需要多元的人才。

2000年冬在山东大学读博时对选人制度的思考

● 单一的选人方式必然导致单一的人才结构。

2000年冬在山东大学读博时谈武则天设武举制选武官开辟了新的职业通道

● 人才像工具，齐全方顺手。

1987年春在山东大学读博时谈单一的人才结构难以适应复杂的社会结构

● 形成专家链条，科技才能高效。

2006年3月谈专家队伍建设

● 官本位必然扼杀多元的职业人才。

1996年春谈官本位阻碍着社会前进

● 凭身世、职业选人，奴隶焉能成良宰？

1988年秋在中共山东省委党校学习时谈我国夏、商、周时期许多宰相出身于奴隶

● 公考是毛遂自荐的合法形式。

1988年秋在中共山东省委党校学习时谈科举制是中国的创造

● 公考是怀才不遇者的通道。

1988年秋在中共山东省委党校学习时谈选用干部

● 倡导毛遂自荐，选人视野无限。

1988年秋在中共山东省委党校学习时谈古代选人可以自荐

● 鼓励人才上书是察人识才之路。

1988年秋在中共山东省委党校学习时谈知人识人

● 孔明七法选一人，无人可得；若七法选七人，人才济济。

1998年秋在中共山东省委党校学习时谈选用干部

- 正、廉、勤、勇、能是选官的要令。

  1998 年春于中共山东省委党校学习时谈选用干部

- 正、廉、勤、勇是官德的四柱。

  2008 年 1 月谈选用干部

- 正、廉、勤、勇、能，全者为帅，单者为将。

  2008 年 1 月谈选用干部

- 人才济济方能人才竞争。

  2000 年冬谈营造竞争氛围

- 能人遍天下，国人思天下是无为而治的社会基础。

  2001 年春于中共山东省委党校学习时谈无为而治

- 少设副职，多设助理，是科学的官制。

  2000 年 3 月在山东大学读博时谈古代官制的启示

- 后备干部助理制，既利于释放能量，又利于社会监督。

  2006 年 10 月谈把后备干部推向一线，让群众评判

- 舍得实践成本，方可真正培养和识别人才。

  2006 年 10 月对干部工作的思考

- 轮岗是职业激励的好方式。

  1992 年春谈交流或轮岗可以缓解干部的心理懈怠

- 定期让官员离职轮训、反思促进官员素质升级。

  2008 年 11 月在中央党校学习时谈把反思作为轮训的刚性内
  容是轮训的最大价值

五、
管理对象、管理环境、管理者是管理的三大变量

● 生产场、生活场、外力场是管理者的三大时空场。
　　1985 年春谈生产场要严，生活场要柔，外力场要和

● 务实的智慧只能在现场中产生。
　　1985 年春谈现场管理

● 对话使你深思，场景让你生智。
　　1985 年春谈现场工作法

● 既要硬规范，又要软激励，阴阳互济。
　　1997 年春在山东大学读博时为烟台企业经理培训班授课

● 幸福感是团队凝聚力、战斗力的心动力。
　　2018 年 6 月谈良知管理激发心动力

● 用环境诱导人的行为是管理的王道。
　　1988 年春在中共山东省委党校学习时谈用环境管理人

● 环境文雅，言行彬彬；环境柔和，人际和谐；环境舒适，心
灵手巧。
　　1999 年秋在山东大学读博时谈企业管理要用环境影响人

官德是官员乘风破浪的
压舱石

I

一、
政治明、经济清、作风正，事业才能坚挺

- 天道无常，人无定势，须做谦谦君子。
  2007 年 10 月谈职务只是履职的面具

- 职务是履职的面具，面具不等同于人。
  2007 年 10 月谈面具只能用于履职

- 淡化职务意识，强化责任意识，官僚才文明。
  2017 年 9 月谈本能

- 避难、显能、自伐、争名、倨下、越礼，皆非智非贤。
  2007 年 10 月谈为官修养

- "不自由"是履职紧箍咒。
  2005 年 10 月谈权力是双刃剑

- 由敬而畏是君子，由畏而敬是小人。
  2005 年 10 月谈敬畏

- 留点余憾方能两全。
  2005 年 10 月谈有余憾是恰到好处

- 防人不如自身正。
  2000 年 1 月谈自身正一身轻

- 在人情难却时，若小不忍会乱大谋。
  2007 年秋对托情问题的思考

- 慎酒、远色、轻财是官员的防祸隔离带。
  2007 年 10 月谈慎防陷阱

- 在物欲横流的社会，德者永安。
  2020 年 9 月谈心正、事遂、人安

- 重视无形资产积淀是官员的政治远见。
  2007 年秋谈官员要有仕之风骨

- 有形资产管现在，无形资产管未来。
  2007 年秋对高官落马的思考

- 有形资产助家，无形资产兴族。
  2007 年秋对高官落马的思考

- 自私是人生陷阱，傲慢是事业天堑。
  1999 年秋在山东大学读博时谈警惕人的弱点

- 腐败首先阻碍发展，其次葬送人生。
  2007 年 10 月谈腐败之害

- 贪，是一颗高质量的定时炸弹。
  1995 年秋对反腐的思考

- 腐败是连环的地雷。
  2007 年 10 月谈腐败之害

- 干事、律己，不怕风云起。
  2013 年 10 月谈官员一要干事，二要干净

- 偏好往往是被进攻的缝隙。
  2003 年 2 月谈节欲

- 博知约行谓之儒。
  2020 年 12 月谈为官要做儒官

- 不干事无以建功，不干净无以保身。
  2013 年 10 月谈干事、干净，必有前景

- 舍予为舒。

  2009 年 5 月为生态园命名为"舍予园"的初衷

- 善舍善予者乃大德。

  1995 年秋谈舍、予是修养

- 有管理就有矛盾，廉与正是防身盾。

  2008 年 1 月谈有管理就有矛盾，不要在政治、经济、道德上
自立靶子

- 抵御诱惑最好的办法是远离诱惑。

  2010 年 8 月谈心境受环境和氛围而动

- 经济不独立，政治被操纵。

  2008 年 2 月在全体干部会上的讲话

- 缺乏道德性和合法性的产权，可能随时失权。

  2001 年春在中共山东省委党校学习时谈无德之利存续一时

- 百姓的生产关系最简单，反腐败、反官僚主义最坚决。

  1999 年冬对反贪机制的思考

- 好官视社会约束重于组织约束。

  2017 年 10 月谈干部觉悟

- 权钱兼得类似于驴马杂交，（骡）力大但种绝。

  1999 年冬谈骡的力量强于驴、马，然物种不可繁育

- 好事兼得违背大均衡的天道。

  1999 年冬对官德与天道的思考

- 干事不惹事，人生有后劲。

  2005 年冬谈要善于谋事

- 看亡人，看犯人，看病人，看贫人，看基层，净化心灵。

  2001 年秋在中共山东省委党校学习时谈人的心态要冷热交替

- 慎防捧杀，受捧易昏，昏久则死。

  2001 年秋在中共山东省委党校学习时谈防捧杀要广开言路，兼听则明

- 摆谱，劳心劳神，劳民伤财。

  2018 年 7 月谈简朴高尚，摆谱缺德

二、
做官可以让人怕，但不能让人恨

- 权力是双刃剑，公道才安全。

  2006 年 1 月谈公道是官员立德、立身、立业之本

- 因有矛盾才设官，回避矛盾是奸官。

  2006 年 3 月在干部会上的讲话

- 社会觉悟若整齐划一，就失去了官的价值。

  2005 年 6 月谈要理解社会

- 责任心是最大的职业道德。

  2006 年 9 月谈尽职尽责就是职业道德

- 责任心比爱心更有价值。

  2010 年 6 月谈责任心并非全源于爱，且有爱心未必有爱行

- 贤者无敌，大德大功；鬼者无敌，无德无功。

  2014 年 11 月谈贤官与滑头对社会的作用截然相反

- 和谐不等于圆滑。

  1999 年秋在山东大学读博时谈官德

- 解决矛盾才有根本的和谐。
  1999 年秋在山东大学读博时谈官德

- 和谐要面向多数人而和谐。
  1999 年秋在山东大学读博时谈官德

- 恻隐之心与解救之行是质的区别，后者多为政治家。
  2010 年 5 月谈中国共产党的伟大

- 为百姓谋利益，为历史留业绩，为社会留口碑是好官的价值定位。
  2011 年 10 月对公务员精神的思考

- 让客户驱动企业，让百姓驱动政府。
  2019 年 11 月谈任何组织都必须以服务客体为本

- 以讨好为目的，必失大局利益。
  2010 年 6 月谈追求个人形象的人极易以公助私

- 为历史发展而做官是最不安逸的职业。
  2005 年 6 月谈官吏贤能，社会兴盛

- 做事业益世，做政客益己。
  2010 年 3 月谈为做官而做官是政客

- 官本位者和事本位者必然行殊而果异。
  2015 年 1 月谈以官为本还是以事为本决定着该地区物质与精神之兴衰

- 干事业必须为了大多数，依靠大多数。
  2005 年 5 月在干部大会上的讲话

- 得人心，要得大多数人的心。
  2006 年 12 月对工作的思考

- 赢得少数人，必然失去多数人。

2005 年冬对工作的思考

- 民主与集中各就其位，效率与艺术各有其场。
  2000 年秋谈工作效率

- 规矩造就作风。
  1996 年春谈硬作风需要硬规矩去造就

- 用兵之道，教诫为先。
  1999 年秋在山东大学读博时谈管理要先礼后兵

- 执纪之剑要高起轻落。
  1999 年秋在山东大学读博时谈既要警示干部，又要保护干部

- 围师必阙，既是战术又是战略。
  1996 年 10 月读《孙子兵法》有感

- 下级抗上，一旦理亏，会更加敬上。
  2005 年 6 月谈下级抗上利大于弊

- 工作不依赖权力，更伟大。
  2005 年 5 月谈遇到大事要与下级沟通

- 尊严不依靠权力更尊严。
  2005 年 5 月谈遇到大事要与下级沟通

- 公正是解决矛盾的利剑。
  1995 年冬谈出于公心就敢于公开

- 公道是调动积极性最简单、最持久的方法。
  1999 年 8 月在山东大学读博时谈公正是激励下属最廉价的
成本

- 人民议政是最亮的眼睛。
  2008 年推动创建石嘴山市人民政府人民议政网时所感

- 职场关系越简单其组织越健康。
  2018 年 11 月谈职场关系简单是健康组织的特征

- 民众的向心力首先取决于政府的公平度。
  2001 年冬在中共山东省委党校学习时谈事物都是互动的

- 包容和远见，折射着领导者的潜力。
  2006 年 3 月在干部会上的讲话

- 最大的道德是公平。
  2006 年 10 月谈社会公平在于机会公平

- 只有大道德立，才有小道德生。
  2000 年 1 月谈官德与公德

三、
倡明言才能防暗箭

- 光明正大是一切正义组织及其成员必须坚守的政治伦理。
  2016 年 10 月讲党课

- 民间舆论是政治清醒不可或缺的保障。
  2017 年 6 月谈杂音是另一种视角

- 民间舆论是政府决策最接地气的坐标。
  2017 年 6 月谈周朝设采诗官察民情

- 广开言路，政治持续。
  2006 年 10 月谈民主

- 鼓励报忧可以及时补漏。

2003 年 2 月谈广开言路

- 善听异己的话，素质才升华。
  2005 年 6 月谈要理解社会

- 听"异议"比"征求意见"更有价值。
  2020 年 10 月读关于网飞公司的《不拘一格》有感

- 有争辩才有高见。
  2015 年 12 月谈真正的民主需要争辩

- 要少听下属抬轿、吹号、搔痒的话。
  2000 年冬谈慎防被歌功颂德所麻醉

- 只迎合人意、不坚持真理的官是阴险的。
  1999 年秋在山东大学读博时谈历史上的奸臣都是善于迎合人意的

- 当你处处感到满意的时候要警惕是否被操纵。
  1999 年秋在山东大学读博时谈历史上的奸臣都是善于迎合人意的

- 成功、赞美是强者的软肋。
  2017 年 9 月谈延迟满足

- 昏官与奸僚孪生。
  2006 年 6 月谈历史现象

- 明君在，忠臣涌。
  2000 年冬读史有感

- 鼓舌如玩枪，伤了别人心，自己留重伤。
  1999 年秋在山东大学读博时谈语言的双刃性

- 有理何必高腔。
  2006 年冬日常反思

231

- 语言大师的功底在于择言。

  1999 年秋在山东大学读博时谈择言是能力

- 魏徵善谏，一凭公心，二凭语言。

  2007 年 8 月读史有感

- 凭自身正而忽视工作艺术，仍然是欠修养。

  2006 年 3 月日常反思

四、
高官谦和更伟大

- 职务是社会角色之面具，面具不等于自身。

  2018 年 6 月谈若把面具与自身等同必将带来行为和心灵的悲哀

- 平和者人近之，威严者人远之。

  2003 年 2 月谈干部形象

- 山大而坡缓，老少都喜欢。

  2006 年 2 月谈亲和作风

- 谦者多助，傲者力孤。

  2019 年 1 月读《传习录》所感

- 狂与亡成正比。

  2020 年 2 月谈狂而障智

- 柔和产生亲和力。

  1999 年秋在山东大学读博时谈平易近人是大德

- 人的优势是单项的，傲慢是没有道理的。
  1999 年秋在山东大学读博时谈谦虚是符合客观规律的

- 感恩下级，境界升级。
  2006 年春谈尊敬下级

- 上待下以礼，下待上以义。
  2003 年 2 月谈领导修养

- 历史是创造的，首先是继承的，须敬畏先人和前任。
  2005 年 3 月谈善待老干部和前任

- 老臣是无形资产。
  1989 年秋在莱西县为全县校长班培训

- 不能把得志变成失去修养的拐点。
  2004 年 6 月谈修养

- 保持布衣平民意识，工作生活吉利。
  2004 年春自警

- 在现代社会，平民意识与威信成正比。
  2005 年 5 月在干部大会上的讲话

- 天地各有功，贵卑皆有值。
  2007 年 8 月谈要尊重所有的人

- 知识分子平民化的过程就是知识分子领袖化的过程。
  1992 年秋谈知识分子的路

- 高身份，小行为，强功能。
  2005 年 4 月谈领导干部形象

- 导师式的领导得人心。
  2005 年 6 月谈对下级要有导师的心态

- 辱人，易致丧身之祸。
  2006 年 12 月谈尊重人可以避免危机

- 能力加亲和力，更具感召力。
  2009 年 4 月有感于自治区主要领导的亲和力

五、
以诚应万变，人生更稳健

- 开明需要德行。
  2003 年 2 月谈选用干部

- 要做开明加聪明的人。
  2003 年 2 月谈选用干部

- 反责于己会产生奋斗之心力。
  2020 年春谈苏秦反责于己而成大器

- 善未必得福，但能避祸。
  2014 年 3 月谈很多事不是直接的因果关系

- 老实人不惹致命的祸。
  2007 年秋对一些干部的观察

- 把感恩作为人生之灯就不会误入歧途。
  2020 年 4 月谈感恩

- 政治过于敏感，有时适得其反。
  2017 年 6 月谈凭敏感行事者往往是投机者

- 诚实无破绽。

2007 年秋对一些干部的观察

- 阴险的政治化妆师往往是政治麻醉师。

  2020 年 10 月谈要警惕那些缺德的文人墨客

- 玩小聪明最终玩坏了自己。

  2000 年于山东大学读博时谈视自己聪明众人傻的人都属于小聪明

- 玩小聪明吃死亏。

  2008 年 10 月在中央党校有感于《三国演义》中杨修因耍小聪明而丧命

- 李斯心不正而不善终。

  2007 年 8 月读秦史有感

- 老老实实做人是人生可持续的基础。

  2006 年 7 月谈很多人吃亏在于不老实

- 做老实人，省心、省功、省力。

  1996 年 10 月在山东大学读博时谈做人处世

- 道德感强的人未必都亨通，但人生安宁。

  2007 年秋对一些干部的观察

- 敌意的批评必然从人格、动机入手，善意的批评往往从方法、结果着眼。

  1997 年春谈从批评方式看人心

- 失败者是为成功而探险的先驱，要善待之。

  2017 年 10 月谈不宜惩罚无意失败者

服务是现代政府的主题

J

一、
服务是执政的资本

- 伟大的组织都是以服务为宗旨。

  2017 年 6 月为中国银行培训时谈服务文化是政治、经济、社会的普适文化

- 服务是最有效的支配。

  1987 年秋为企业培训

- 在服务中管理才能管出向心力。

  2003 年 5 月谈服务是管理的基础

- 服务感化、协同增值、科技提效是成事之道。

  2018 年 7 月谈优秀组织

- 为了谁，依靠谁，是政党执政的首要问题。

  2002 年秋谈历史唯物主义

- 人民至上应该成为执政者的信仰。

  2020 年 6 月谈人民至上

- 因为民养官，必须官为民。

  2015 年 7 月谈自古民养官，官府为民建

- 做官最美做县令，听朝听州听民声，掌吏掌税掌刑警，政令朝出即日行。

  2005 年 7 月谈县制是最高效的执政体制

- 组织是太阳，干部是月亮。

  2000 年春谈人与组织的关系

- 庙大和尚香，庙小和尚轻，官员要有自知之明。

  2000 年春谈人与组织的关系

- 抓住了人的需求就抓住了人心。

  1983 年冬在山东师范大学读本科时读马斯洛的《人类动机的理论》有感

- 政府对百姓尽责任，百姓才能对政府尽义务。

  2007 年 5 月谈政府对民众的态度决定民众对政府的态度

- 政府为多数人负责，多数人才能为政府负责。

  2007 年 8 月谈责任与义务是互动互生的

- 赢得少数必然失去多数。

  2010 年 3 月谈决策

- 主持公道是政府的天职。

  2006 年 2 月谈政府是社会公平的后盾

- 直通的民主才能听到社会真言。

  2006 年 10 月谈古代设议政机制听百姓议政

- 理直才能气壮地管理。

  2003 年 5 月谈服务与管理的关系

- 社会工作和人的工作需要过程，时缓则圆。

  2006 年冬日常自警

- 政治是通过过程去实现的。

  2005 年 11 月分析工作

二、

利益是社会的神经

- 利益悬殊，对立加剧。

2013 年 10 月谈利益是社会矛盾的根源

● 平等是和谐之源。
2020 年 7 月谈平等才能和谐

● 需求多元性决定了社会的复杂性。
2013 年 10 月谈社会复杂的根源

● 通常情况下经济基础决定思维方式。
2008 年 11 月在井冈山干部学院学习时谈经济的基础性

● 社会的核心问题是公平与正义。
2007 年 10 月谈社会和谐

● 安全与公平是社会安定的基本底线。
2001 年 8 月在中共山东省委党校学习时谈社会底线

● 政治的核心是人心。
2008 年 10 月在中央党校学习时谈政治的本质

● 满足大多数人需求的政治其生命力才长久。
2001 年 5 月在中共山东省委党校学习时谈政治问题

● 公平是比值而不是平均。
1999 年秋在山东大学读博时认为公平不是绝对值

● 价值是 A 对 B 的满足。
2004 年秋谈价值依赖于需求

● 社会文明将进入"心"的时代。
2005 年 4 月谈工作要从心理切入

● 政府舍小利，公众才便利。
2013 年 6 月谈防止部门贪小利而失民意

● 职能部门联动才能打破政府的权力孤岛。

2013 年 6 月谈部门之间的政策孤岛削弱政府的执政能力

- 用于民生的钱往往四两拨千斤，拨人心。
  2003 年 5 月谈民生

- 生态、产业、民生是百姓的生存命脉。
  2008 年 1 月谈生态、产业、民生是政府永恒的发力点

- 政务公开，民心百开。
  1999 年秋在山东大学读博时谈阳光管理

- 光明才能正大。
  2000 年于山东大学读博时谈心底光明才能行为端正

- 有光则明，政以众为光者明。
  2020 年 3 月谈光是明的本源，光明是透视的条件

- 扶持创业是政府必须承担的种子工程。
  2010 年 5 月谈政府成立创业服务局

- 把扶贫的重点放到孩子身上是政治经济兼具的战略。
  2006 年 6 月谈从根本上扶贫

- 廉租住房和廉租厂房是政府必须掌握的政治资本。
  2006 年 8 月接受《经济日报》采访

- 财是民之心。
  1997 年 5 月为济南市税务系统干部培训

- 财政是 360 日的政治。
  2006 年秋谈财政的政治意义

- 大企业富财政，小企业富百姓。
  2013 年春谈财政

- 富农民、富市民、富财政，是经济工作的大政。

2007 年 8 月在干部会上的讲话

- 公共秩序、公共设施、公益事业是政府的主业。
  1999 年秋于山东大学读博时谈政府职能

- 人均值是真实力。
  2018 年 5 月谈总量是现象，人均是真相

三、
社会问题影响政权根基

- 管理社会是执政的重大职能。
  2010 年 2 月在干部大会上的讲话

- 社会情绪是政治的晴雨表。
  1992 年春谈要畅听民谣式舆论

- 利益冲突是社会冲突的根源。
  2003 年春接受记者采访

- 社会和谐归根到底是人心的和谐。
  2006 年 5 月春谈和谐社会要研究不同阶层的心理

- 用事业引导群众、激励群众、吸引群众。
  2005 年冬谈如何聚心聚力

- 维护少数人的和谐就会失去多数人的和谐。
  2005 年冬谈公平是和谐之本

- 矛盾是绝对的，和谐是相对的。
  2013 年 7 月谈社会

- 人人有饭吃，人人能讲话，是社会和谐的基本条件。

  2006 年 5 月谈和谐社会的基础

- 上谅下，大谅小，富谅贫，才是健康的社会。

  2009 年 8 月谈和谐社会

- 对社会纠纷多仲裁，少判决，才能减少社会积怨。

  2006 年 3 月谈强化仲裁机构

- 社会保障机制是社会的稳定器。

  2010 年 4 月谈发展各类社会保险

- 保弱势、保基本的社保方针，才能预防社会惰性。

  2010 年 4 月谈完善社保体制

- 建立自愿义工制，有利于培养国民的社会意识。

  2013 年 6 月谈义工制

- 大众监督是最经济最安全的政治保健。

  1997 年春在山东大学读博时为山东司法系统干部培训

- 媒体和书市是时代潮流的荧光屏。

  1996 年春谈社会脉搏

- 民谣折射情绪。

  1991 年秋谈周朝设采诗官，以诗察民情

- 公开是杜绝舞弊的药方。

  1999 年秋于山东大学读博时谈阳光管理

- 社会的有机性越高，社会的活力越强。

  2008 年 11 月在中央党校学习时谈信息互动是组织有机性的灵魂

- 政党、政府要赢得民众，必须善于做终端市场。

  2008 年 11 月在中央党校学习时谈无论是政治和经济，若只

做中间环节不做终端市场，其体系极其脆弱、潜藏危机

- 王道自谦，霸道自威；王道自苦，霸道自爽。
  2017 年 6 月谈王道与霸道之特征

四、
等级开放，社会向上

- 政府是社会能量总闸门的掌控者。
  2014 年 6 月谈改革是执政的能量源泉

- 无论经济、政治、社会，一旦正路被堵，邪路必开。
  2015 年 10 月谈社会激励制度

- 竞争的经济、民主的政治、融合的文化是大国崛起的力量。
  2001 年在中共山东省委党校学习时读《大国的兴衰》有感

- 民主、科学、公平、正义是社会发展的四大主题。
  2001 年春在中共山东省委党校学习时对政治问题的思考

- 处于社会底层的人，最容易被引导。
  2007 年秋在美国学习时对社会现象的分析

- 改革、发展、反腐是执政党长青的三大抓手。
  2002 年 3 月谈执政党

- 改革是防止政权僵化的唯一手段。
  2014 年 6 月谈改革是执政的能量源泉

- 善有善报，恶有恶应，才能形成良性的社会自组织机制。
  2006 年秋对社风、政风的思考

- 以民治权、以德治权、以法治权、以权治权才能防止权力异化。

  2001 年秋在中共山东省委党校学习时谈制度

- 有希望才有忍耐。

  2015 年 6 月谈用希望引领社会、组织、人群、家庭

- 最底层的群众若有理讲不通，其反抗极易诉诸暴力。

  2011 年 5 月谈组织化程度低的群体无力以合法的方式抗御不公

- 尽量减少对抗式执政是重要的执政方略。

  2006 年 3 月谈以和为终谓中庸

五、
社会要稳，工农是根

- 劳心者是财富之父，劳力者是财富之母。

  2015 年 10 月谈要尊重、尊敬劳力者

- 民众才是发展生产力的主体。

  2013 年 6 月谈民众是财富的接生者

- 物质财富决定实体文明。

  2013 年 6 月考察西班牙、芬兰有感

- 劳动，接生财富。

  1992 年春谈劳动方式可以多样化，但必须劳动

- 生产创造财富，分配产生权力。

  2013 年 6 月在西班牙学习时有感

- 权力的实质是支配分配资源。
  2018 年 9 月谈权力的本质

- 创造财富者和整合财富者共同创造着社会。
  2010 年 12 月对社会现象有感

- 财富产出的方式与分配制度是社会文明的参数。
  2013 年 7 月谈财富分布

- 产业垄断和权力垄断都能导致社会分化。
  2013 年 7 月谈社会分阶层、分阶级的原因

- 高收入远离实物生产者是社会的病态。
  2011 年 5 月谈社会公平

- 初次分配重效率，二次分配重公平，社会心态才平衡。
  2011 年 5 月谈财政支出结构

- 财政政策要瘦机关，强一线，厚科教，重国防。
  2011 年 5 月谈财政支出结构

- 劳动价值量即劳动者的价值。
  2015 年 7 月谈人才错位是浪费

- 官以公为大，民以利为主。
  2000 年冬对社会角色的思考

- 对巩固政权而言，民富比国富更重要。
  1997 年 8 月在山东大学读博时谈秦、隋灭亡的原因

- 生活安全是弱势群体的首选。
  2000 年冬对社会问题的思考

- 穷人用生命换一切，富人用一切换生命。
  2007 年秋在美国考察时对社会现象的分析

- 敬畏人民是服务人民的政治逻辑。

  2015 年 6 月谈百姓供养着官员，官员为民是天理

- 敬畏百姓既是政治境界又是力学原理。

  2015 年 6 月谈敬畏人民

- 敬畏他力是宗教的原力。

  2020 年 9 月谈敬畏既是修养的底线又是动力

- 有活儿干、能养家、诉诉苦，是劳动者必须维护的权利。

  2011 年 11 月谈社会固然有分工，但必须给劳动者尊严和公平

- 社会诉求一旦形成群体的力量，就会出现排山倒海之势。

  2011 年 4 月谈敬畏劳动者

- 对冲动的人要先泄气后说理。

  2010 年 10 月谈接访

- 群众的力量在于群脑、群眼、群耳、群嘴、群心、群力。

  2003 年冬谈群众的价值源自群体大、领域广、第一线、视角多、体验深

- 基数大的事无小事。

  2011 年 4 月谈用力学原理认识政府的人民性、敬畏劳动者

- 同样的事物，规模与冲击力成正比。

  2011 年 4 月谈用力学原理认识政府的人民性、敬畏劳动者

- 穷人不稳，富人不安。

  2013 年 5 月谈富人、官员要做绅士

- 庶民安，政则安。

  2013 年 5 月谈社会收入分化

- 自由人联合体必然反官僚。

2015 年 10 月谈对社会的再认识

- 反官僚主义是民本思想的政治逻辑。
  2015 年 10 月谈对社会的再认识

- 解放人是解放生产力的第一环节。
  2006 年 9 月在干部大会上的讲话

- 接触百姓既是工作方法，又是群众感情。
  2008 年 9 月谈群众工作

- 社会风气是自上而下带出来的。
  2008 年 2 月谈要开设人民议政网

- 百姓讲理又讲利，民利、官理要统一。
  2011 年 10 月所作《公务员之歌》

- 法治教育、科技教育、公德教育，要天天讲、月月讲、年年讲。
  2004 年 2 月日常思考

- 平等是人类和平的种子，是人类的大智慧。
  2005 年 6 月谈人类进步的社会标志是平等

六、
从来没有救世主，是简政放权的理论根据

- 趋利避害是一切动植物的本能。
  2006 年 10 月谈政府无须杞人忧天

- 家庭是自组织能力最强的社会单元。
  2007 年 9 月谈家庭组织的力量

- 家庭是共产主义组织的最小单元。

  2020 年 3 月谈共产主义在身边

- 用企业理念管理的政府才是现代的政府。

  2001 年 5 月在中共山东省委党校学习时谈企业是投入产出最高效的组织

- 政府要创品牌，讲效率，研究投入产出比。

  2004 年夏谈政府是服务类"企业"

- 政府是强大的总成机构。

  2013 年 5 月谈政府具有整合资源的巨大能量，导向务必慎重

- 通过"拼盘"干大事是政府特有的能量。

  2013 年 7 月谈围绕一项任务让职能部门合力推动是政府的优势

- 政府与企业必须互知、互动、共赢。

  2013 年 5 月谈政府要研究企业，企业要研究政府

- 管理社会之乱为，承担社会之不为，是政府的基本内政。

  2006 年 2 月谈政府职能

- 政府要建设大治安、大公益、大民政、大财政。

  2005 年 6 月谈政府职能

- 管理机构庞大不仅消耗资本，而且消耗效率、滋生腐败。

  2000 年 1 月谈机构改革

- 任何组织若动嘴者多，动手者少，最终要垮掉。

  2015 年 6 月谈劳动是可持续发展之本

- 靠公关协调才运行的组织只有死路一条。

  2020 年 6 月谈依规自动的组织才有活力

- 权力分散、滥用严办是体制机制改革的方向。

2010 年 7 月在干部大会上的讲话

- 横向增加跨度，纵向减少层级，才能释放组织活力。
  2001 年冬在中共山东省委党校学习时谈扁平管理

- 分工制约优于专职监督。
  2003 年 3 月谈古代宦官监军是导致军事挫败的制度原因

- 宏观调控要综合，行业管理要专业。
  2001 年夏在中共山东省委党校学习时谈机构改革

- 简政、分权、放权是体制机制活力的本源。
  2008 年 10 月在中央党校学习时谈组织活力

七、
发展经济要激发活力、提升技术、规范行为

- 经济力量是社会的万能力量。
  2008 年 8 月谈经济力对社会具有根本性作用

- 当思想、技术与经济相矛盾时，思想、技术必然屈服于经济。
  2008 年 8 月谈经济具有决定性

- 秀才造反，三年不成，不是智慧不足，而是缺经济基础。
  2011 年 10 月谈经济是万事之基

- 解决制约因素的力度、速度，决定发展的效率。
  2014 年 10 月谈发展瓶颈

- 把燃料转为化工原料是能源战略的短见。

2011 年给国家发展改革委司长的建议

- 速度影响质量和能量。

  2010 年 8 月谈限速

- 任何事物渐进胜于疯长。

  2024 年秋谈成长速度

- 用消费刺激经济会加速消耗资源。

  2015 年 10 月谈用消费拉动经济不利于人类可持续

- 消费与购买力成正比，无须刺激。

  2015 年 10 月谈居民收入

- 优质的投资是新财富的源泉。

  2013 年 6 月谈投资是发展的前提

- 今天的投资结构决定明天的产业结构。

  2013 年 6 月谈投资既是发展战略又是发展战术

- 扩瓶颈是最稳健、最经济的投入。

  2003 年春谈发展与路径

- 转型升级首先是存量升级，其次是增量优化。

  2015 年 2 月谈转型与升级的关系

- 新经济观要把效率和投入产出比作为决策的第一参照量。

  2006 年秋谈效率观优于成本观

- 算价值账比算成本账更理智。

  2006 年秋对城建的思考

- 经济危机能够无情地推动产业升级。

  2010 年 12 月谈用行政力量推动产业升级的功效不如经济

力量

- 驱动和制动都是市场功能。
  2013 年 9 月谈经济危机是市场制动，而不是失灵

- 产业升级可以延缓经济危机的周期。
  2015 年 3 月谈产业升级的意义

- 特色经济加规模经济是最稳健的区域经济。
  2003 年 6 月谈区域经济的两大关键问题

- 经济结构多元，经济运行稳健。
  2010 年 5 月谈经济结构

- 产业多样才能东方不亮西方亮。
  2003 年 6 月谈区域经济

- 发展经济既要重视单体规模，又要重视群体规模。
  2005 年 6 月谈经济发展

- 产业链是产业的钢铁长城。
  2009 年 5 月谈发展区域经济的路径

- 用产业链稀释能耗是节能的阳关道。
  2009 年 5 月谈立足产业禀赋推动节能降耗

- 建设特色专业园区有利于产业链条接续。
  2009 年 5 月谈发展区域经济的路径

- 产业链延伸与劳动文明、员工收益及区域附加值成正比。
  2006 年 3 月谈产业链经济是最集约的经济

- 设计、制造、服务联动是企业的必由之路。
  2013 年 6 月谈发达国家把各类企业统称为商业

- 善于集群才伟大。
  2006 年 3 月谈做大了才有知名度

八、
用专业化培育产业军

- 缩小职业收入差距才能造就工匠队伍。

  2015 年 2 月谈工匠精神、工匠队伍需要分配制度支撑

- 工匠精神折射着民族素质。

  2015 年 11 月谈工匠精神

- 产业军是创造价值的源泉。

  2015 年 11 月谈一个地区输入的产业军越多则越发达，输出的产业军越多则越萧条

- 产业军流到哪里，剩余价值就积淀到哪里。

  1996 年春在山东大学读博时谈除了总部经济外，流入的产业军数量与积淀的经济价值成正比

- 齐国兴技工之巧、通渔盐之利，而富甲天下。

  2000 年 1 月在山东大学读博时对齐国兴盛原因的分析

- 降低成本，鼓励生产，丰富供给是政府经济政策的根本点。

  2017 年 9 月谈宏观政策

- 商与路孪生，水与农并蒂。

  2003 年秋谈路与水是县域经济的基础

- 交通线是生产要素汇聚的轴线。

  2005 年 6 月谈越是贫穷或没有资源的地区越需要大交通

- 交通扶贫才能拔掉区域穷根。

  2010 年 6 月谈集中财力用交通大动脉把贫困地区与发达地区联通

- 靠产业催生科技，靠科技提升产业。
  2011 年 6 月对产业升级的思考

- 扬长用短、修旧利废，人类的资源增加一倍。
  2003 年 7 月谈循环经济

- 平台支撑、产业驱动是发展区域经济的基本路径。
  2014 年 11 月谈设立园区服务处

- 人流是最大的物流和资金流。
  1996 年春在山东大学读博时谈区域经济

- 人才结构是一个地方是否繁荣的晴雨表。
  2003 年 7 月在企业家座谈会上的讲话

- 第三产业是城市和工业的保姆。
  2008 年 6 月谈第三产业

- 旅游业既聚人流又拉物流。
  2007 年 10 月对发展沙湖旅游的思考

- 旅游业是区域知名度的持久广告。
  2005 年秋谈旅游业

- 讲故事是旅游业和餐饮业的灵魂。
  2005 年秋谈旅游业

- 微笑是服务业的神韵。
  1988 年春在中共山东省委党校学习时为润华世纪集团培训

九、
优质的城市是优质生产要素的孵化器

● 除了事业需要之外精英将率先进入城市。
2006 年 5 月谈城市建设

● 一流的城市才能吸引一流的产业。
2006 年 5 月谈城市建设

● 没有星级环境就引不来星级人物。
2004 年 10 月谈什么样的环境吸引什么样的人才

● 城市是孵化企业的"企业"。
2012 年 2 月谈优质的城市是优质要素及产业的孵化器

● 宜居宜业的城市是现代社会的孕育地。
2008 年 11 月在中央党校学习时谈世界上大城市引领着人类
文明

● 城市是人类得以全面发展的摇篮。
2003 年 3 月谈城市是优质生产、生活要素最富集的地带

● 解放和发展生产力首先是留住和吸引生产力。
2003 年 3 月谈推动三大强镇对接，加快城市化

● 城市是一个地方是否繁荣的物质标志。
2005 年春谈城市化水平

● 区域经济的竞争是平台竞争，最大的平台是城市。
2007 年 9 月谈在干旱、半干旱地区集中财力城市化是区域竞
争首选战略

● 城市规模与吸附生产要素的能力成正比。

255

2017 年 9 月向自治区领导再度建议推动银石同城化

- 城市是政府最大的而且永不贬值的资产。
  2005 年春谈城市是最大的资本

- 人流、物流、资金流，最终要流向适宜人居的地方。
  2004 年 11 月谈人居环境是吸附高质生产要素的第一引力

- 具有地理环境优势的都市是社会财富最终的汇聚地。
  2004 年 6 月谈城市环境是生产要素

- 优越的自然环境是城市发展的天然拉力。
  2004 年 6 月谈城市环境是生产要素

- 环境艰苦之地必须优先发展城市。
  2006 年 5 月谈解放和发展生产力首先是留住和吸引生产力

- 非宜居地区要用城市带生态、带产业、带农村。
  2005 年春谈生态环境不利的地区，只有生态转型才能带动产业转型，产业转型才能带动民生转型

- 交通与产业是城市的物质之源。
  2007 年 1 月谈城市财富

- 行政中心迁移是拉动区域经济发展的政治战略。
  2005 年 6 月对城市规划的思考

- 设立行政副中心既能拉动区域协调发展又能快速遏制大城市膨胀。
  2005 年 6 月谈城市群

- 军事城堡、政治中心、交通枢纽、独特资源都是城市的发祥地。
  2001 年春在中共山东省委党校学习时谈城市发展规律

- 城市总规的前瞻性要高于城市设计的前瞻性。

2005 年 6 月对拓展新区的思考

● 发展组团式城市群是形成城市生态链的必然模式。
2010 年 3 月在城市化工作会议上谈城市之间要有产业生态链

● 做强边界城市是发展区域经济的桥头堡战略。
2005 年冬在宁夏人民代表大会分组讨论时的发言

● 发展中的城市若地价过高是"自杀"。
2003 年秋谈城市建设

● 产业、教育、医疗、生态是城市存续和成长的根。
2010 年 3 月在城市工作会议上的讲话

● 大中专院校是拉动城市文明的最佳因素。
2013 年 10 月谈大学对城市的意义

十、
城市建筑是物化的露天史书

● 城市风格要坚持主脉中有变化,变化中有主脉。
2011 年谈城市风格

● 城市规划除文物和精品之外必须旧服从新。
2007 年 1 月谈城市规划如果对落后因循守旧,则会错贯百年

● 让市民节时、便利是城市规划的首理。
2005 年 5 月对城市规划的思考

● 超前规划需要大智大勇。
2005 年 3 月谈规划

- 超前，是未来的节约。

  2005 年春谈城市规划

- 密集是城市的绝症。

  2005 年春谈城市低密度利于减灾

- 大空间、大绿地、大水面、大马路、低密度，城市可持续。

  2005 年春在城市规划会上的讲话

- 城建是艺术，规划、布局、设计要请艺术家来挑剔。

  2005 年春在城市规划会上的讲话

- 天地人合一，是中国建筑思想的主题。

  2005 年春在城市规划会上的讲话

- 利用大自然建设城市与发展产业是大师。

  2007 年 10 月对城市建设的思考

- 地质和水源是城市选址的关键。

  2012 年 2 月在意大利参观庞贝古城有感

- 城市规划要用生态过渡带预留发展空间。

  2004 年秋谈用林带预留城市空间是城市空间战略

- 园林与建筑群相间是最理想的城市空间。

  2010 年 3 月在城市化工作会议上的讲话

- 组团式布局高楼，城市空间通透。

  2005 年冬谈建筑物的布局

- 十字街口是营造城市田字大空间的最佳地段。

  2006 年秋谈十字路口的建筑布局必须远离路口，形成开阔的田字空间

- 远离道路布局建筑可增加城市空间倍数。

  2006 年秋谈建筑布局

- 楼宇的庭院是聚气场，宜前不宜后，宜大不宜小。
  2006 年秋谈公共建筑不宜贴近路边建设

- 高架桥架高才是城市的风景线。
  2009 年春在上海对城市高架桥有感

- 单行线有利于减轻行人的心理疲倦。
  2007 年 11 月对美国高速路的思考

- 城市美既要布局美又要单体美。
  2007 年 11 月对美国华盛顿建筑的思考

- 物体的比例美是第一美。
  2005 年冬谈单体建筑首先要比例美，其次是细节美

- 比例美、抽象美、简洁美、淡雅美、阳刚美、阴柔美、反衬美、对称美、规模美，是建筑设计常用的审美视角。
  2005 年冬谈建筑设计

- 表现形式过三，损伤建筑美感。
  2005 年冬谈建筑物单体美

- 美，是刚柔之和谐。
  1999 年秋在山东大学读博时谈美的要素

- 美的建筑和装潢都是以柔配刚。
  2008 年 1 月对建筑美学的思考

- 反差是造美的常用手法。
  2008 年 1 月谈美需要阴阳互济

- 主辅相反，必有美感。
  2008 年 1 月谈美需要阴阳互济

- 用相反的符号反衬主体是阴阳美。
  2008 年 1 月对建筑美学的思考

- 主阳、辅阴，悦目赏心。
  2008 年 1 月对建筑美学的思考

- 主阴、辅阳，柔中带刚。
  2008 年 1 月对建筑美学的思考

- 母子式雕塑或建筑是和谐美。
  2006 年秋对城市建筑的思考

- 厚重加流线，大气又美观。
  2003 年春对城市建设的思考

- 挺拔美需要主线条阳刚。
  2008 年 1 月谈建筑物美感的主导因素

- 古典的永远是传世的。
  2007 年 9 月谈单体建筑

- 淡雅的永远是合时的。
  2007 年 9 月谈单体建筑

- 粗犷和暗淡，彰显古典。
  2011 年 10 月谈城市格调

- 造型、体量、材质、空间、走向，都会影响建筑的气质。
  2003 年春对城市建设的思考

- 在建筑物顶层用异于主体的色彩、门窗、线条收顶，既节约，又轻巧，又崇高。
  2007 年 11 月在美国华盛顿对建筑的思考

- 荧光材料可用于楼宇夜间亮化。
  2007 年 9 月谈单体建筑

- 装饰材料质地软，回声柔。
  2003 年春对城市建设的思考

- 建筑物顶层缩进，稳健刚劲。

  2010 年在意大利罗马市有感

- 顶层线条崇高，视觉大气、美观、轻巧。

  2010 年在意大利罗马市有感

- 美的建筑群需要起伏、错落、变化。

  2007 年 11 月谈没有变化的同类建筑群规模越大，其美感
越差

- 雄伟，须以高大体现；玲珑，须借小巧表达。

  2005 年春在城市规划会上的讲话

- 生态美是城市的第一美。

  2007 年 11 月在美国对高速路的思考

- 城市林带在城市规划中既是战略又是战术。

  2003 年春对城市规划超前性的思考

- 水系、林地，是城市永久的竞争力。

  2005 年春谈城市规划

- 树木，是城市的年轮。

  2003 年春对城市规划超前性的思考

- 无论是城市还是农村，林带是最好的景观。

  2003 年春谈林带与环境

- 城市园林要以树、水、石等自然要素为主调。

  2007 年 10 月在生态建设动员会上的讲话

- 用长寿经果林营造城市街景，彰显独特的城市风情。

  2007 年 12 月谈营造城市永久的风情街景

- 长寿、长绿树木越多，城市越美。

  2007 年 12 月谈城市组团绿化

- 城市树木形成组团,更有美感。
  2005 年 3 月谈城市绿化

- 道路,是城市发展的指挥棒。
  2005 年春谈建设新区

- 街巷加密,大道加宽,路巷相连,车人皆便。
  2005 年春谈建设新区

- 城市道路是黄金,大路大金。
  2005 年春谈经营城市

- 城市开发要以路带金、以绿增金。
  2003 年 5 月谈新城区规划

- 建新城可以降低城市建设的政治、经济、社会、时间四大成本。
  2003 年 3 月谈新区建设

- 政府画格子,社会填空子,是城市扩张的快路子。
  2005 年春谈经营城市

- 建新城要道路先行、公益事业先行、景观先行。
  2003 年 3 月谈用道路、公益、景观拉动新城聚人、升温、升值

- 布局公共建筑要着眼于对周边的乘号效应。
  2005 年 3 月谈将行政中心迁出旧城

- 历史给美的事物让路,丑的事物给历史让路。
  2005 年 4 月谈历史呵护美的建筑

- 今天的精品就是明天的文物。
  2012 年 1 月谈文物是人造的,对文物不需神秘

- 整体美,需要远距离审视。

2005年冬谈建筑物的布局

- 大型建筑审美，要着眼天际轮廓线。

  2007年11月在美国华盛顿对建筑的思考

- 单体美感取决于整体背景。

  2009年谈审定效果图要着眼周边建筑物的体量

- 视角影响美感。

  2009年谈审定设计效果图要警惕透视角度掩盖的问题

- 用模型审美，最直观、最保险。

  2003年春谈重要建筑必须借助模型审定

- 永久性建筑其使用功能要服从审美功能。

  2003年春谈单体美的历史意义

- 诱发审美歧义是创意的最大败笔。

  2009年建议把文化中心建设成"五鼓和韵"，把腰鼓拉高，引导审美

- 稀缺景观不可私人独占。

  2003年春对城市建设的思考

- 公有建筑要分布于主干道、水系岸、公园边，有利于拉升公有资产。

  2005年冬谈规划红线

- 城市，是市民之家。

  2005年春谈要让市民以城市为荣

- 广场，是市民的客厅。

  2005年春谈城市广场的意义

- 图书馆是市民的心灵"公园"。

  2012年春谈城市多建图书馆是积德之举

- 城市品牌，一要造，二要唱。

  2007 年 10 月谈城市品牌要造特色、唱特色

- 名人、名景、名会、名企都是城市品牌积淀的要素。

  2007 年 10 月对提升石嘴山市知名度的思考

- 安全、生态、宜业、宜居，是塑造城市品牌的卖点。

  2007 年 10 月对提升石嘴山市知名度的思考

法律、制度、文化、风俗是社会的红绿灯

K

一、
法律、制度是作用于人的工具

- 德治、礼治、人治、法治四大秩序模式，德、礼为贵。
  2020 年 7 月谈所有制是治理方式变迁的根源

- 行苛法者多惨烈。
  2010 年 2 月谈历史人物

- 苛政是官逼民反的火药桶。
  2010 年 2 月谈以德御法

- 免谏言之罪才会出现政治大美。
  2010 年 2 月谈贞观之治

- 制度是克服组织弹性的唯一手段。
  2013 年 10 月谈组织弹性是组织出现不公的制度原因

- 制度使管理淡化了人直接管人的尴尬。
  2015 年 1 月谈制度管人淡化了人的血性

- 制度是势，权变是术。
  2015 年 1 月谈用势省力，用术费心

- 制度是影响效率的乘数变量。
  2017 年 5 月谈制度的利与弊都是乘数性放大

- 体制是刚性的制度。
  2015 年 8 月谈体制是制度之首

- 体制和机制是能量的闸门。
  1989 年秋在中共山东省委党校学习时与莱西县校长班交流
  发言

- 制度是行为的空间和路线。

  2001 年冬在中共山东省委党校学习时谈制度

- 体制和机制是关于积极性的大学问。

  2001 年 5 月在中共山东省委党校学习时谈制度是能量的闸门

- 体制、机制是调控社会的机器。

  2003 年 6 月谈制度是潜在生产力变为现实生产力的关键

- 体制是臂，机制是指。

  2017 年 10 月谈改革必须体制在先，机制在后

- 人性是一切制度的依据。

  2001 年春在中共山东省委党校学习时对政治经济学的思考

- 建立在心理学基础上的制度是永恒的。

  1997 年秋谈制度遵循人性才有生命力

- 通过历史演进形成的制度是科学的。

  2001 年 5 月在中共山东省委党校学习时对制度的分析

- 好的典章不等于好的现实。

  1996 年秋于山东大学读博时谈历史的真实性不在于典章和正史文本，而在于典章的执行程度和野史

- 组织结构是物化的生产关系。

  2001 年秋在中共山东省委党校学习时对制度的思考

- 去中心、分布式的体制既有利防灾，又能形成多元动力。

  2018 年 7 月谈配电箱原理可避免一键跳闸全屋黑

- 去中心化是后现代化的必然趋势。

  2020 年 3 月谈区块链可以避免系统瘫痪

- 程序及其运行速度决定效率。

  2004 年 10 月谈程序是效率的渠道，运行速度是效率的保证

- 执行规矩比执行指令更高效。

  2001 年在中共山东省委党校学习时谈执行制度主动，执行命令被动

- 体制、机构、机制是影响效率的工艺性要件。

  1996 年冬在山东大学读博时对政府改革的思考

- 管理的层级越高、跨度越大、成分越杂，道德和法制的效能越大。

  2001 年 1 月在中共山东省委党校学习时谈法制价值

- 人脉因时而变，法定长治久安。

  2018 年 11 月谈人脉因人变而变

二、
制度和谐是社会和谐的根本

- 利益悬殊，对立加剧。

  2010 年 2 月谈利益是对立的根源

- 民自立，国运兴。

  2010 年 2 月谈民自立的意义

- 理性基础上的法制是民自立的条件。

  2005 年 9 月谈现代的法制

- 得民心的法才有持久的威。

  2013 年 10 月谈立法要以人心为基础

- 所有权是自主权的前提。

  2001 年春在中共山东省委党校学习时关于制度问题的交流发言

- 自主才能自动。

  2001 年春在中共山东省委党校学习时谈社会活力的源泉是利益主体的自主和自动

- 解放人是解放生产力的关键。

  2001 年春在中共山东省委党校学习时谈如何解放生产力

- 先秦私学造就思想百家争鸣，现代私企造就经济百舸争流。

  2015 年秋谈先秦私学和当代私企

- 解放基层，激活百姓才能解放最广大的生产力。

  2003 年 5 月谈依靠群众必须从制度入手

- 产权制度派生政治制度。

  2014 年谈经济基础

- 公有滋生私权，私有派生公权。

  2010 年 10 月谈企业制度改革

- 对多数人而言，无恒产则无恒心，无恒心则无恒计。

  2017 年 8 月谈股份制势在必行

- 民主的经济才能产生民主的政治。

  2013 年 6 月谈经济决定政治

- 政府最根本的职能是解放和保护生产力，并非直接发展生产力。

  2013 年 10 月谈直接发展生产力的主体是学校、科研单位、企业，并非政府

- 市场经济是经济的人民战争。

  2005 年 9 月在自治区县域经济观摩会上的发言

- 经济所有制既是经济组织的形式又是社会组织的基础。

  2001 年春在中共山东省委党校学习时对政治经济学的思考

- 公有制的表现形式是公职人员代理制。

  2017 年 6 月谈公有制

- 人人成为经济和社会发展的智慧源、动力源是国家强盛之源。

  2010 年 3 月谈人民群众的力量

- 权利的元权是人权和产权。

  2000 年 4 月谈公民广义的权利

- 人的最高利益是人权。

  2003 年春接受记者采访

- 社会至上、人民至上是新社会的根本特征。

  2017 年 6 月谈社会制度

- 生存、感情、经济、政治是人权的基本范畴。

  2003 年春接受记者采访

- 激励机制应结构多元、权重突出、兼顾长远。

  1996 年春对领导科学的思考

- 在激励中制约，在制约中激励。

  1996 年春对领导科学的思考

- 谁受益谁监督是最佳的责任机制。

  2005 年冬谈有关联才有责任

- 有机性就是互动性。

  2008 年 11 月在中央党校学习时谈组织与系统科学

- 互动才高级。

  2005 年夏谈体制、机制、改革方向

- 自上而下扇耳光，自下而上磕响头是封建官制之弊。

  2017 年 6 月谈官制

- 在人民代表大会设立复式审计机构有利于法制监督。

  2017 年 12 月谈强化人大监督职能

- 世界政体的趋势将是民主制与集中制的融合。

  2001 年秋在中共山东省委党校学习时谈民主稳健、集权高效

- 民主的前提是理性的法治。

  2017 年 2 月谈民主与法治

- 民主与集中相结合是有机互补的政治机制。

  2001 年秋在中共山东省委党校学习时谈制度

- 民主制是共同体内部的自治政体。

  2001 年秋在中共山东省委党校学习时谈制度

- 集权制是以巩固统治为前提的政体。

  2001 年秋在中共山东省委党校学习时谈制度

- 战争旨在征服，治理旨在统御。

  2001 年秋在中共山东省委党校学习时谈制度

- 集权者以道德为压舱石方能避险。

  2020 年 6 月谈集权制需要贤人集团

三、
生命力持久的法须以道德为灵魂

- 秦朝速亡的原因是用单一的苛法支配社会。

  2020 年 8 月谈法制

- 立法和执法是执政的刚性任务。

2015 年 1 月谈执政

- 当立法主体被怀疑后，法只是一纸空文。
  2001 年春在中共山东省委党校学习时对社会历史变革的思考

- 非民主的法治更容易引爆政权。
  2018 年 11 月谈秦朝因苛政而短命

- 只柔不刚无以成王，只刚不柔无以久王。
  2006 年 2 月对秦朝兴衰的思考

- 无霸无以成王，鲁也；纯霸无以久王，秦也；先霸后王，王霸并用，齐也。
  1998 年秋在山东大学读博时读史有感

- 霸者，责归于民；王者，责归于君。
  1998 年秋在山东大学读博时读史有感

- 霸者凭势，王者尚化。
  1998 年秋在山东大学读博时读史有感

- 兵法，霸中有王。
  1997 年冬读《孙子兵法》有感

- 礼制，王中有霸。
  1997 年冬读史有感

- 礼仪生威。
  2018 年 12 月谈礼仪之价值

- 统治靠刑赏，统御靠文化。
  1999 年秋在山东大学读博时谈统御力

- 峻法治事功可速，私欲诱民物即盈，人心不化恶难克，法憾利驱无久功。
  2015 年 12 月谈化人心才能长治久安

- 风俗对社会的规范最宽泛。
  2006 年春谈民风民俗的能量

- 风俗是文化的最高形态。
  2006 年春谈民风民俗的能量

- 礼仪素养与社会文明成正比。
  2018 年 12 月谈礼仪与文明

- 礼貌是教养的窗口。
  2018 年 12 月谈教养与野蛮成反比

- 法律由治恶之法向劝善之法演进是社会文明的大趋势。
  2005 年 6 月谈社会进步

- 道、儒、墨、法构成了中国千年的秩序观。
  2005 年 6 月谈三德一法，德为法之帅

- 法律道德化、制度文化化、文化风俗化是王道。
  2005 年 6 月谈社会历史进步

- 文化战是心灵战。
  2024 年秋重视文化是重大的民族战略

四、
文化是民族、国家、组织的基因

- 以柔克刚，文化为上。
  1988 年在中共山东省委党校学习时谈文化的价值

- 文化认同就会消解反抗。
  2001 年 5 月在中共山东省委党校学习时谈文化的价值

- 文化是无形的社会雕刀。
  2010 年 11 月谈文化

- 改变物种须改变基因，改变社会须改变文化。
  2000 年冬谈文化是战略

- 道德是文化的核心。
  2011 年 10 月谈文化

- 政治柔和才能文化兴盛。
  2001 年 5 月在中共山东省委党校学习时谈政治和文化

- 文化对民族的影响比政治更久远。
  2001 年 5 月在中共山东省委党校学习时谈文化是引导社会的
  无形之手

- 文化是民族的精神殿堂。
  2006 年春谈文化既是民族的灵魂又是民族的血型

- 文化纯而又纯必将阻碍外来生产要素的融进。
  2006 年 10 月谈文化包容

- 文化越包容，经济、政治、社会越融洽。
  2007 年 10 月对世界大语种功能的思考

- 持续、重复是认同或同化的温床。
  2018 年 7 月谈长期相处、司空见惯是同化的条件

- 热爱它必须了解它。
  2006 年秋谈异地任职

- 人是活的文化载体。
  1999 年夏在山东大学读博时读史有感

- 官员是传播、嫁接文化的旗手。
  1999 年夏在山东大学读博时谈北魏孝文帝是推动中华民族与
  中华文化大融合的先圣

- 礼和孝是人类区别于动物的文化特征。

  1982 年秋在山东师范大学读本科时学心理学有感

- 器物、行为、制度、信仰是文化的四大层级。

  2011 年 10 月谈文化

- 没有强制就没有礼制。

  1996 年 8 月在山东大学读博时读史有感

- 制度习惯化谓之礼。

  2007 年 8 月对礼的分析

- 法与礼的力量，其背后都是剑的力量。

  2007 年 8 月对礼的分析

- 谥号制是一种文明的监督制约机制。

  2015 年 10 月谈古代大臣给皇帝盖棺论定

- 道德、制度、技术是支撑社会的三维力量。

  2005 年冬谈执政

五、
社会再造是正反合的规律，或官方改革，或民众革命，二者必具其一

- 社会结构的背后是制度结构。

  2001 年春在中共山东省委党校学习时谈改革社会必须改革制度

- 法久，必生弊。

  2010 年 2 月谈改革

- 制度是已经亮出的盾，有盾必有矛。

  2013 年 4 月谈上有政策则下有对策，制度不是万能的。

- 任何组织都会异化出或多或少的负能量。

  2014 年 10 月谈监督的价值

- 低成本运行是最理想的社会机制。

  1995 年冬谈制度的科学性与低成本成正比

- 降低交易和监督成本是制度改革的靶心。

  2000 年秋谈体制与机构改革

- 计划经济的经济行为更多是纵向关系，层级多，效率低。

  2010 年 5 月谈计划经济的社会结构是串联结构、层级结构

- 市场经济的经济行为更多是横向关系，层级少，效率高。

  2010 年 5 月谈市场经济的社会结构是并联结构

- 经济效率需要自主，政治效率需要集中。

  2008 年 5 月谈政治要集中，经济要放权

- 生产关系越简单，生产力越发展。

  2007 年 7 月在山东大学读博时读史有感

- 人身依附关系越淡化，社会越进步。

  2005 年 6 月谈人类历史的轨迹

- 历史上仕阶层的兴盛是社会充满生机的标志。

  1999 年秋在山东大学读博时读史有感

- 礼大伤国是鲁国之训。

  2000 年春谈鲁国因缺乏社会活力而早亡

- 反封建是中国长期的政治任务。

  2013 年 10 月在中欧国际工商学院学习时谈中国文化

- 市场经济下政治相对平等，计划经济下经济相对平等。

  2008 年 5 月谈经济形态与政治

- 组织的先进性取决于组织成员的先进性。

  2014 年 10 月谈制度惯性和文化惯性固然可以影响组织成员，然而组织成员会改变制度和文化

- 组织是瓶，成员是酒。

  2014 年 10 月谈组织中的人决定着组织的价值

- 生产力固然最终决定生产关系，然而生产关系可能扼杀初生的生产力。

  2018 年 7 月谈要敬畏生产关系的反作用

- 弹性社会解放生产力。

  2010 年春谈社会管理的方向

- 弹性管理可以预防风气偏执。

  2009 年 10 月谈集权易致偏执，民主利于弹性

- 物理现象或社会现象都是弹性优于刚性。

  2010 年春谈除军事组织外，弹性管理优于刚性管理

- 民主是政治的方式，人权是生存的方式。

  2001 年秋在中共山东省委党校学习时谈制度

- 释放众人智慧的民主是最高级的民主。

  2001 年秋在中共山东省委党校学习时谈让民主释放智慧

- 释放智力的制度远胜于释放体力的制度。

  2018 年 6 月谈制度要立足于释放智力

- 协商是民主的要旨，未必是少数服从多数。

  2009 年 6 月谈民主是方法，执行是目的

六、
改革要研究"人阻",能做新的增量是改革的
高手

- 改革要用增量调存量。
  1994 年春谈改革要从旧体制外着手培育新的增量

- 改革从经济上切入最稳健,从体制外做起更高效。
  1994 年春谈改革切入点

- 若不给改革对象以生路,改革就是绝己之路。
  2005 年 10 月谈让改革对象有生路,改革才有出路

- 无论是政治、经济、社会、军事,绝人就是绝己。
  2020 年 11 月谈工作及为人处世

- 经济是一种万能而稳健的力量。
  2010 年 2 月谈政治改变社会往往疾风暴雨,经济改造社会是
  最优的速度

- 用经济和文化推动社会变革更文明。
  2008 年 8 月在中央党校学习时谈解放思想

- 存量重组与流程再造的改革最高效。
  2005 年冬谈工作要着眼结构和增量

- 群众拥护就是潜在的合法性。
  2001 年 10 月在中共山东省委党校学习时谈把握改革的脉搏

- 社会信号是政治的气象预报。
  2006 年 10 月谈周朝设采诗官以察民情

- 改革要问为了谁、对不对、行不行。

2000 年冬对改革的思考

- 社会变革的过程都是利益重组的过程。
  1998 年秋在山东大学读博时对戊戌变法的思考

- 政治家追求的是可行性与先进性的统一。
  2008 年 7 月谈巩固政权是政治家的底线

- 禁区性改革须舆论先行。
  1997 年秋谈改革

- 改革不是毁灭，要循序渐进地解难题。
  1999 年秋在山东大学读博时谈改革的目的与方法

民族、国家、组织都需要
战略家引领

L

一、
着眼持久利益是战略谋划的第一原则

- 一切向钱看，国、民很危险。
  2020 年 5 月谈只有物质文明不是完整的人类文明

- 围绕权力和金钱转的社会很难引领世界文明。
  2020 年 7 月谈脱俗才能文明

- 齐国对关税稽而不征而商贸兴。
  2000 年 1 月在山东大学读博时谈齐国是世界最早的市场经济雏形

- 政治要冷静，经济要繁荣。
  2000 年 5 月在山东大学读博时谈古今中外政治上冷静的地方往往经济上繁荣

- 战略之间要互为视角、互为认证、互为条件。
  2005 年秋对决策工作的思考

- 有的战略，一旦公布，就不再是战略。
  2002 年春谈有的国家战略需要保密

- 战略问题绝不能完全以经济效益为前提。
  2007 年 11 月在美国学习时有感

- 政治家要以政治战略审视所有战略。
  2007 年 11 月在美国学习时有感

- 对战略性的东西看准了方向就要行动。
  2006 年 5 月谈政治家看准了方向就干，科学家算准了数字才动

- 战略不要拘泥于细节，车到山前必有路。

  2004 年秋谈政治家做事不同于科学家

- 竞争是民族进化的必要条件。

  2010 年 3 月谈安逸是民族退化的温床

- 全球淘金才能国民富裕。

  2013 年读亚当·斯密《国富论》有感

- 民族国际化，民族才能生生不息。

  2004 年春谈鼓励移民

- 弥补弱项，破解制约，是国家的政治战略。

  2005 年春对以色列发展农业和航空战略的思考

- 研究失败和灾难，比研究成功和幸福更具战略性。

  1994 年春谈教训的意义

- 四两拨千斤才是政府的真本事。

  2014 年 10 月谈政府决策要研究投入产出比

- 最有效的调控是调控供给。

  2010 年 12 月在自治区经济工作会上的发言

- 扩大供给长治久安，限制需求随时反弹。

  2010 年 3 月在全国人民代表大会上接受记者采访

- 提升工资占 GDP 比重，用消费选择投资是高质发展的必由之路。

  2023 年 10 月谈经济政策

- 商品房、保障房并行是中国房地产业健康发展的必由之路。

  2010 年 3 月在全国人民代表大会上接受记者采访

- 金融、税收是经济调控的主抓手。

  2013 年 6 月于西班牙谈经济调控要少用行政审批

- 减税是经济领域普降的喜雨。

  2015年7月谈企业环境

- 减税既能为企业减负，扩大生产，增加就业，又能减少政府在经济领域的低效投资。

  2015年6月谈减税比放宽货币政策更有效

- 若实体经济无利可图，再宽松的货币也流不到实体经济。

  2015年6月谈要为实体经济减税、降费，否则货币政策无效

- 政府减事、减人、减税是递进的因果逻辑。

  2015年7月在自治区党校授课时谈实体经济

- 货币通胀将导致公民的资产以贬值的方式再分配。

  2015年11月谈通胀是公民之灾

- 政府加杠杆是本性，财富贬值是常性。

  2015年11月谈投资是政府的天性，通货膨胀与存量财富贬值永远是刚性

- 通过降成本激活存量是经济萧条期政府的当务之急。

  2014年6月谈存量经济的基数大于增量经济，激活存量才能救急

- 战略就是舍小图大、舍近图远、舍阶段图目的。

  2013年6月谈舍当下小利图未来大利谓战略

- 间接就是战略。

  1996年秋在山东大学读博时谈战略即创造或寻找杠杆，实现间接用力

- 长期经济学治国，短期经济学治企。

  2013年5月谈要警惕方法错位，错位即渎职

- 科技与金融合璧，国力才能所向无敌。

  2013年5月谈经济问题

- 让不动产升值是不健康的经济导向机制。

  2016 年 9 月谈经济发展

- 延长产品使用寿命才能促进生产要素的全面节约。

  2016 年 10 月谈提高产品使用寿命而节约资源应成为国策

- 节约资源是人类可持续的第一关。

  2016 年 10 月谈资源节约与人类可持续发展

- 文字游戏大行其道是不祥之兆。

  2011 年 12 月读史而感

二、

立足国家基因谋发展，社稷才能长治久安

- 战略家、科学家是人类前进的导师。

  2014 年 12 月谈缺少战略家是一个国家、民族、地区、企业
  最大的悲哀

- 让民族生生不息是国家的首要战略。

  2014 年 12 月谈越是发展周期长的事物越需要战略家引领

- 社会发展难于经济发展。

  2018 年 12 月谈发展经济易，释人欲而已；发展社会难，私
  欲变为阻力

- 越是人为的超前完美，其负功越大。

  2023 年 10 月谈要警惕任何一项似善的政策都会异化为恶

- 相对恒久的自然与人文禀赋是国家的基因。

  2008 年 10 月在中央党校学习时发表在《新华文摘》《学习时

报》上的文章

● 国情可以是暂时的，国家基因是恒久的。

2008 年 10 月在中央党校学习时发表在《新华文摘》《学习时报》上的文章

● 大国、古国、多民族是中国的国家基因。

2008 年 10 月在中央党校学习时发表在《新华文摘》《学习时报》上的文章

● 财富不等于现代化。

2000 年 1 月对世界主要石油生产国国情及我国康乾盛世的思考

● 只讲目的，不讲手段，必有后患。

2014 年 5 月谈大政方针及口号既要讲目标，又要讲规矩

● 民族品牌是走向世界的通行证。

2007 年 10 月谈社会文明已经迈入地域品牌、民族品牌和个人品牌时代

● 创新型民族比学习型民族更有自豪感。

2010 年 3 月谈与其倡导做学习型民族，不如倡导做创新型民族

● 大国的产业布局既是经济又是政治。

2008 年 1 月谈产业布局过于集中，既不利于国家安全，又不利于区域协调发展

● 资源就地转化是运输节能的首选战略。
2005 年春谈产业布局对经济的深远影响

● 劳动力大迁徙的根源在于产业布局过于集中。
2008 年 1 月谈产业布局与西部开发

● 生产力布局到哪里，人才和剩余价值就汇聚到哪里。

2008 年 1 月对国家"一五"规划和"三线建设"伟大意义的感悟

● 优化生产力布局不仅是经济战略，更是政治、社会战略。

2008 年 1 月对国家"一五"规划和"三线建设"伟大意义的感悟

● 输出资源是政治短见。

2015 年 10 月谈限制

● 水对人类的制约是第一制约。

2018 年 12 月谈以水为纲，协调发展是人类必须坚持的发展理念

● 民族跃升最终要靠文化跃升。

2011 年秋谈文化跃升是民族跃升的根

三、
教育孕育家族、民族未来

● 学生时期是人生的春天，一要有好食堂，二要有好学堂。

2007 年 12 月谈教育

● 让大智者自己谋生糊口，很难造就顶级人才。

2010 年 6 月考察英国莎士比亚故居有感

● 培养爱国意识要从关爱娃娃做起。

2010 年 7 月对贫困学生的思考

● 重视百姓的后生是执政的大战略。

2011 年 4 月谈子孙连人心、连未来

- 学校是把人变为优质生产力的第一工厂。
  2007 年秋考察新加坡教育有感

- 教育是春播千粒籽、秋盈万间仓的事业。
  2005 年 5 月谈教育

- 教育扶贫和产业扶贫，最经济、最持续、最治本。
  2008 年 10 月有感于自治区建设六盘山中学和育才中学

- 教育辉煌与社会辉煌成正比。
  2007 年秋在新加坡考察时对教育与社会之关系的思考

- 教育是改变社会基因的必由之路。
  2007 年秋在美国考察时对教育与社会之关系的思考

- 体育育身心。
  2001 年春于中共山东省委党校学习时读《青年毛泽东》有感

- 晓得真善美大了才吃香，十年寒窗苦才能走四方。
  2005 年 7 月所作《劝学谣》

- 好好敬先生，书里有宝藏。
  2005 年 7 月所作《劝学谣》

- 好儿女有志向，爹娘心里亮。
  2005 年 7 月所作《劝学谣》

- 教育托举着平民家庭的希望。
  2005 年 5 月谈教育

- "耕" 书是最好的牧志。
  2005 年 8 月所作《劝学谣》

- 读书是自主而可靠的命运抓手。
  2014 年 11 月谈人的自控因素

四、
农村、农业是人类的永久阵地

- 植物是人类生存最可靠的物质。

  2006年10月有感于植物的神奇性

- 基本物质是生命的底线。

  2006年10月谈农业是生命线

- 土地是人类最安全的后盾。

  2006年10月谈土地是最好用的生产力，种瓜得瓜，种豆得豆

- 保护土地是保护人类的生存底线。

  2006年10月谈土地和植物是人类的生存底线

- 种子、苗子、崽子是农业的芯片。

  2005年6月谈大力发展制种业

- 种子、苗子、崽子是农业经济最高端的价值链。

  2009年3月对林业部强调发展苗圃有感

- 牧业是农业的驱动产业。

  2003年冬接受记者采访时谈牧业是农业产业链条中承前启后的产业

- 没有村企一体化就没有农村现代化。

  1997年12月倡议村队企业化

- 用企业带农村是农村现代化的必由之路。

  2012年3月谈农业农村现代化

- 让农民在城市化、工业化中既安居又乐业是重大的社会战略。

　　2006 年 8 月谈城市化的重点是农民城市化

● 建设农民商品房是城郊农村城市化的方向。
　　2006 年 5 月谈在城郊农村建设农民商品房让农民既安居又乐业

● 土地产权集体化有利于加快城郊农村城市化。
　　2007 年 8 月谈城市新区土地产权集体化既有利于破解城市化资金短缺又有利于市郊农民安居乐业

● 农业不仅仅是经济基础，已经成为社会基础。
　　2003 年春接受记者采访时谈在当今大国，农业是国民的命脉

● 大国度必须农业立国，重工强国，商贸富国。
　　2003 年春接受记者采访时谈在当今大国，农业是国民的命脉

● 现代的农业组织应该是产权清晰的联合体。
　　2003 年 8 月接受记者采访

● 自然风险与市场风险是农业的两条软肋。
　　2005 年春谈组建农业保险公司

● 农业是命根，但不是富强之根。
　　2003 年春接受《大众日报》记者采访

● 在特殊时期家有钱万贯不如二亩田。
　　2015 年 10 月谈钱解决不了天灾

● 振兴农村经济是城乡统筹的首要任务。
　　2010 年 5 月在农村工作会上谈建设新农村绝不是农业国的回归

● 用工业和城市的生产、生活方式改造农村是后工业化、城市化的新方向。
　　2006 年 2 月谈城市化

● 特色小镇是产业专业化、产城一体化、农村城镇化的最佳载体。

2014 年 5 月对城镇化的感想

● 农林水等特色院校向县城转移对振兴农业农村具有战略意义。

2005 年 10 月谈用高等院校、科研院所带动农业、农村、农民实现知识化和智能化

● 无污染的制造业进村是振兴农村经济的牵引。

2005 年 10 月谈农村现代化必须企业化

● 人才平台、生产方式、生活方式是新农村建设的切入点。

2006 年 8 月对新农村建设的思考

● 修建城乡之间的景观路是拉动城乡发展的经济带、动力带。

2006 年 10 月对农业农村的思考

● 选拔大学生任村官是政权建设的培根固本工程。

2006 年 8 月谈农村问题

● 让村干部政治有前途、经济有保障、社会有地位是农村繁荣的政治机制。

2006 年春谈从村干部中考选乡镇干部

● 用土地换社保可以解决农民对土地的依赖。

1997 年 12 月倡议农村企业化

● 在半干旱地区退耕还林才能形成可持续的生态。

2007 年春谈在半干旱地区退耕还草形成的生态经不起天灾和人祸

● 治污、蓄水、植树是西北地区生态建设的主抓手。

2005 年 6 月谈生态

● 在干旱地区实行高密度造林，混交造林，景观美，蒸发少，

生态好。

　　2007 年 6 月谈造林

- 修路、找水、找矿是推动干旱地区持续发展的根本方向。
  　　2007 年 5 月谈干旱地区的出路

五、
工业的第一使命是制造工具

- 善造工具的民族才是强盛之民族。
  　　2015 年 10 月谈从工具看大国兴衰

- 装备制造业是工具之母。
  　　2015 年 2 月谈装备制造业的伟大性在于工具性

- 以工具为纲的工业才能成为民族的脊梁。
  　　2015 年 2 月谈工业以工具为纲则国强

- 硬技术决定着 80% 的效率。
  　　2008 年 1 月谈企业装备

- 最先进的工具就是最先进的智慧。
  　　1989 年春在中共山东省委党校学习时对生产力形态的思考

- 芯片是最核心的设备。
  　　2020 年 5 月谈芯片和软件是最高效的装备

- 千节万省，现代的手段不能省。
  　　1994 年春对领导决策的思考

- 没有重工业，就没有国家安全。

2012 年 3 月谈经济与政治的互含

- 重工业是高新技术的摇篮。
2009 年 3 月谈坚定不移发展重工业

- 新材料是新工业的"米"。
2012 年 11 月谈工业

- 工业是拉三产带一产的驱动产业。
2003 年 5 月谈工业

六、
实体产业是国民经济之本源

- 若把流通作为国家财富之源是政治短见。
2006 年冬谈以服务业为中心的国度最终要受制于装备制造业强大的国家

- 金融低息，税费减负，电力和运输降利，制造业才有国际竞争力。
2013 年 9 月于国家行政学院学习时谈国家靠金融、电力、运输创利，得不偿失

- 金融资本在实体经济外循环是国家经济的灾难。
2013 年 6 月于芬兰考察有感

- 以制造业为主导才是大国大道。
2011 年 5 月谈制造业是大国的命脉

- 农业和制造业是大国安全的基业。
2012 年 3 月在全国人民代表大会上的发言

- 削弱制造业必然抽空国家的技术根脉和经济基础。

  2013 年 6 月谈制造业是经济可持续发展的原动力

- 制造业支撑服务业，服务业促进制造业才是良性的产业生态。

  2013 年 6 月于芬兰考察有感

- 社会升级必须靠产业升级。

  2003 年 5 月谈工业

- 技术可持续才能确保产业可持续。

  1997 年春在山东大学读博期间为鲁花集团培训时谈技术升级是产业升级的前提

- 没有技术创新就没有独立的产业。

  2007 年 10 月谈创新

- 设计、材料、装备，是民族工业自主的命脉。

  2003 年 5 月谈装备工业

七、
国家是人类族群的集团

- 国家是国民的家。

  2007 年 11 月在美国考察有感

- 国民最大的尊严源于国家尊严。

  2007 年 11 月在美国考察有感

- 国家是国民人格和身心安全的大本营。

  2007 年 11 月在美国考察有感

- 国家之间民族利益高于一切。

  2004 年春谈国际友好要有底线

- 民族精神是国家之髓。

  2013 年 10 月谈国家精神的意义

- 集体主义和民本主义是社会主义的精神内核。

  2015 年 10 月谈对社会的再认识

- 使人全面发展的社会是最理想的社会。

  2015 年 10 月谈理想社会

- 宫廷父兄残杀是制度之恶。

  2015 年 10 月谈理想社会

- 以经济活动为中心是资本世界的主题。

  2015 年 8 月谈市场经济

- 强大才有主动权。

  2003 年 7 月对事物的分析

八、军威是国威之基

- 国破家不宁，国乱企不兴，国辱民不荣。

  2003 年冬读《大染坊》有感

- 强大才伟大。

  2002 年 8 月对人生与国家的思考

- 强大的物种才能保障物种进化。

  2020 年 10 月谈动物世界

- 国威需要国防工业的撒手锏。

  2006 年 11 月谈"两弹一星"是中国国威可持续发展的正向转折点

- 最优秀的团队文化是军队文化。

  2006 年秋谈学习解放军

- 服从与牺牲是军人精神的灵魂。

  2013 年 6 月倡导在公安系统弘扬解放军精神

- 军队是职业精神最强的组织。

  2006 年秋谈企业要学习解放军

- 军队是科研的第一方阵。

  2006 年秋谈高科技首先诞生于军事科技

- 优秀的军队是最智慧的组织。

  2006 年 9 月与军转干部交流

- 军队是效率最高的团体。

  2006 年秋谈军队

- 军队是用集体行为净化心灵的组织。

  2006 年秋谈军队

- 军队文化造就了军队特殊战斗力。

  2000 年秋为企业培训

- 军队基因是最优秀的组织基因。

  2008 年春在兰州军区报告会上的发言

- 一切组织只有移植解放军精神，才能形成优秀的执行力。

  2003 年春给企业家发的短信

- 军队是政治家、企业家的摇篮。

  2006 年秋谈从军对人生的意义

- 军队是意志和能力的熔炉。

  2006 年秋谈从军对人生的意义

- 古今中外信息战永远是决定战争胜负的关键。

  2006 年 11 月对中国航天事业的感想

- 无人战役是未来战争的主要形式。

  2011 年 10 月谈战争

- 切断军事供给是最人道的战争。

  2011 年 10 月读兵法有感

- 全民兵役制是"民族补钙"的重大战略。

  2010 年 10 月荣获"全国国防动员十佳人物"称号时有感

- 央企是国家的特殊军队。

  2020 年 6 月谈央企在国家中的地位

五德家训　M

一、序

父母明，慈而严。
重身教，诲箴言。
教有方，甄典范。
防溺爱，使历练。
劝后生，重启蒙。
幼心纯，播善种。
育子孙，首育志。
志既立，自奋蹄。
善且谦，勤且俭。
秉五德，行方远。
2020 年 10 月构思

二、志

人有志，生有向。
执志纲，目乃张。
崇楷模，慕先贤。
立大志，务图远。
智而勇，防身险。
改世界，敢夺冠。
志得助，立于义。
世人攒，志方济。
志途坎，行务坚。
心中悟，事上炼。
2021 年 1 月构思

三、善

婴孩命，父母生。
为儿安，命换命。
爱父母，敬师长。
睦邻里，和乡党。
济亲友，礼相往。
处世吝，门庭凉。
欲达己，先达人。
欲利己，先利人。
智饶人，植福本。
愚欺人，种祸根。
2021 年 2 月构思

四、谦

事万绪，人为先。
欲人和，勤而谦。
单个人，难生存。
你助我，我助人。
天地人，力万钧。
敬而畏，慎而对。
国有法，家有规。
欲自由，切莫违。
待人恕，供事忠。
尚服务，乐协同。
2021 年 8 月构思

五、勤

勤积智，勤积力。
积而量，量而质。
不读书，难大图。
好儿女，务读书。
勤读书，莫图快。
心悟之，义方来。
人感恩，须建功。
笃行之，勤反省。
事先预，行三思。
物致精，工莫急。

2022 年 9 月构思

六、俭

怜人力，惜天物。
公私事，皆俭朴。
丰思欠，盈思俭。
天不测，心身安。
青少季，人之基。
纵酒色，难成器。
人婚姻，族大计。
首家风，次贵第。
德是财，书是宝。
人得之，长富饶。

2024 年 1 月定稿

诗歌载心翔

N

一、1980—2003

重相逢

1981 年春

昨夜雨歇蛙继鸣，
惊醒千里梦。
已三更，
隔窗寻稀星。
人悄悄，
云移月蒙蒙。
无奈复就榻，重相逢。
重相逢，断续到天明。

杏

1981 年春

户外风雨声，辗转难入梦。
家中窗前杏，未知被雨惊？

雨景

1981 年 7 月

一路青山全程雨，山腰斜依小茅屋。
细柳枝头湿鸟声，瓜棚帘前几村姑。

雁声

1981 年秋

秋风习习过雁声，妻儿托雁催归程。
征夫常怨夜来晚，唯借碎梦回江东。

心境

1981 年 10 月

风凉月丝青，醉眼望稀星。
银河船夫少，牛郎岸边梦。

趵突泉

1982 年春

潭深液浆碧，涟漪心头起。
身在水镜中，心念天涯妻。

懒觉

1982 年 5 月

晨曦扯被催人起，香梦佳境意难离。
春鸟何必不知趣，叽叽喳喳声声急?

乡童

1982 年夏

孩童一池水，打水嘻嘻追。
小胖爬上岸，一幅天然美。

他乡

1982 年秋

庭前湖水静，径幽月光稀。
秋风摇残叶，露珠沾单衣。

登千佛山

1983 年 4 月

春风不等人，登山拾阳光。
若有小背篓，山色一并装。

春湖

1983 年春

湖边丛翠竹，苍然欲滴绿。
风送兰花香，垂柳牵春姑。

春

1983 年春

城前一汪清潭水，荷花问柳少年谁？
香薇摆枝暗送波，勿惊春孩观蝶飞。

鲁山峰

1983 年 5 月

轻雾薄纱裹群峰，层层叠叠皆丹青。
山风善解游人意，撩起纱幔山水明。

春景

1984 年春

春来布谷声，悠扬和春风。
家梅开颜早，细柳刚吐青。

春游

1984 年春

池边少年依春柳，春姑牵花故作嗅。
风吹花摇玉颜露，半腮惬意半腮羞。

南山

1984 年 3 月

南山红花羞答答，满脸春韵飞彩霞。
悄悄独处听泉水，静待少年抱回家。

鲁峰晨景

1985 年 3 月

松啸乱云卷，孤鸟不胜寒。
人稀径幽处，万物自相怜。

忆当年

1985 年 5 月

重逢忆当年，嘻嘻游佛山。
梅竹松兰聚，满眼桃花面。

葛洲坝

1985 年 9 月

朝来葛坝听涛声，夕榻香舍桃花岭。
灯火辉煌一城春，偶闻客船笛悠鸣。

瞻庐山

1985 年 9 月

肃然访庐山，苍松柱青天。
几座小楼宇，隐约还舌战。

从政

1986 年 5 月

少小苦充壮年耕，弯背拉纤筋骨声。
今日有幸入廊台，惕惕不忘乡间情。

梦境

1986 年 6 月

昨夜伴君沐江风，风抖思绪网江陵。
适逢故地诗兴处，雄鸡报吾不闻更。

乳山观海

1986 年秋

秋晨迎曦登乳山，眸网信撒兜渔船。
旭日初浴冉冉起，紫气如幔挂苍天。

瓷都景德镇

1986 年 9 月

春姑手纤白如玉，少年音爽声若磬。
街街瓷肆店店红，人人一双甜眼睛。

秋湖

1986 年 11 月

舒目湖上秋，水中柳与楼。
莫非桃花源，几度痴卷袖。

五龙潭

1987 年 9 月

五瀑宕五潭，一瀑一重天。
遥望天垂布，误识织女绢。

井冈山

1987 年 9 月

山峭潭水清，潭深树影弯。
风送山气爽，碧波拥杜鹃。

神农架（一）

1987 年 9 月

古木夹天光，小溪伴蝉唱。
松鼠攀高枝，金猴摇黄杨。

神农架（二）

1987 年 9 月

神农架峰三千高，山拔峦涌古木啸。
石林冷杉守天门，游人却步听山涛。

神农架（三）

1987 年 9 月

左峰古木竞参天，右岭青竹斗杜鹃。
风起云舒雾纱起，秋阳调彩染碧山。

金猴岭

1987 年 9 月

古桦波云赏天光，小溪自乐在偷唱。
金猴窃摇黄杨树，悠闲无争品苔香。

凭栏感江水

1987 年 9 月

江水悠悠千古流，半江欢乐半江愁。
喜怒哀乐人生谱，己欢莫忘他人忧。

太湖

1988 年 5 月

太湖茫茫浮翠岛，玉龙戏波十里桥。
水鸟漫翔追孤帆，童叟相顾练垂钓。

泰山顶题照

1988 年秋

仙人闲卧玉贝舟，飘然出云停岱首。
游人惊呼龙王女，笑口一开楚王后。

少儿南洋

1988 年 8 月

骄儿迢迢寄南洋，慈母几度泪洗肠。
严父面刚心亦软，三更辄梦子归乡。

齐国

1989 年 2 月

鲁山三千高，淄水万年涛。
稷下聚百家，大齐好霸道。

下龙湾

1989 年 3 月

船头烹鲜虾，海水煮肥蛤。
海鸟追香来，海味送酒下。

诗兴

1989 年 11 月

昔泊汉江口，涛声暗自流。
今朝再览江，诗心频怀旧。

笔德

1990 年 9 月

纵览人间史与经，浓墨重彩颂忠勇。
宁为民生行针砭，不为乌纱粉太平。

刀笔匠人

1990 年 11 月

翰林笔墨苦，诗台灯影孤。
笔笔蘸心血，文章方跃珠。

赏歌

1991 年 11 月

甜舌胜金铃，叮当伴心声。
心池春潮起，蓦然岁月青。

山村

1991 年 2 月

山前桃花悄悄开，水边茅屋铺青苔。
寨寨少年鼓笙歌，家家春姑掩玉腮。

海上桂林

1992 年 3 月

海上桂林又一甲，莫非海底春笋发？
游客遥指情人峰，白云尽头有人家。

文字

1992 年 3 月

文字民族根，根固社稷魂。
始皇字统一，比邻造新文。

重游

1993 年 3 月

重游民俗园，今昔两重天。
贵为园主宾，专车随春兰。

岳麓山

1994 年 6 月

万年岳麓山，千秋抱书院。
山秀书院香，地灵聚群贤。

湖南第一师范

1994 年 6 月

天揽才俊聚，师导领袖梦。
志系中华强，龙醒东方红。

创业

1995 年 8 月

小舍已张灯，炊烟送饭香。
妻儿窗前候，怪我公务忙。

游子

1995 年 10 月

秋虫声声凄，露打游子衣。
呆望云中月，乡愁满心池。

春光

1996 年 3 月

山山红花绽，溪溪清水新。
春色又一度，催人惜光阴。

可怜父母心

1996 年 9 月

遥送小才子，心已同机飞。
雏鹰早出巢，爹娘噙喜泪。

诗与酒

1997 年 7 月

游子诗心不常开，春风诗心骤然来。
小诗聊伴五斗酒，墨香酒绵字已歪。

峨眉山

1997 年夏

九曲峨眉千丈涯，善山智水藏佛家。
峰峰四季云裹日，君来日出雾开纱。

都江堰

1997 年 6 月

参拜龙王府，虔诚上香烛。
青烟绕太守，心叩民间佛。

谒西花厅

1997 年 10 月

庭院依旧松枝新，廊阁亭台永思君。
纵有后人堂中客，西花海棠念旧人。

遵义会议会址

1998 年 5 月

一栋小楼宿星斗，春雨带寒风满楼。
唇枪舌剑席席热，了却红军心头愁。

黄果树瀑布

1998 年 5 月

隔林有涛声，拾级挤曲径。
豁然飞瀑落，原是水帘洞。

茅台镇

1998 年 5 月

赤水流波皆玉浆，自古两岸筑酒坊。
山拥水绕神仙地，微风送来茅台香。

洪水

1998 年 7 月

洪水惊煞千千人，风雨每作辄念君。
水舌舐堤惊险时，君疲形体俺疲心。

惜光阴

1999 年元月

天驱春秋转，光阴无处拴。
又是一年逝，何举可圈点？

秋

1999 年 10 月

天高云淡山明，日煦菊黄树清。
稻熟果香人乐，鱼欢鸟鸣风轻。

大连棒棰岛

1999 年 10 月

又临棒棰岛，昔日兴未了。
山海依旧青，放眼网波涛。

社会

2001 年 4 月

人类万年史，朝政流水更。
世世有难民，朝朝出英雄。

钟乳洞

2001 年 10 月

面馆这么大，主人你在哪？
如此千态面，必是神造化。

观海

2001 年 10 月

脸盆这么大，万船能容纳。
盛下天地水，盆边连天涯。

秋湖

2002 年 5 月

湖边青苔多，细柳钓水波。
鱼儿摆尾来，邀吾亦同乐。

断桥

2002 年 10 月

鸭绿江悠悠，隔岸战事骤。
岂容唇边火，一拳定千秋。

理政

2003 年 9 月

理人犹治水，顺势功自遂。
立制循人性，治事心不累。

鼓浪梦

2003 年 9 月

鼓浪月色淡，不觉入梦乡。
西北天地宽，策马驰边疆。

二、2004—2020

路遥

2004 年 3 月

志士乐路遥，太公历京镐。
东海恋天山，路路通大道。

守边

2004 年 5 月

贺兰峰峰柱天，黄河滔滔千年。
金镂塞上春秋，豪泼丹青万卷。

贺兰山

2004 年 6 月

贺兰峰三千，守边亿万年。
任世厚五岳，功德苍天鉴。

河套

2004 年 6 月

元昊旌旗漫卷，大汗铁马托箭。
金鼓烟波已去，羽扇指点河山。

石嘴山风情

——沙湖

2004 年 8 月

湖水洗兰山，鱼嬉鸟影欢。
一群秋沙鸭，礼让小渔船。

自豪

2004 年 9 月

孝子乐学堂，轻松悠闲相。
岁岁膺三好，校校担班长。
硬笔甄入帖，作文赢市奖。
竞入省实中，又揭人大榜。

他乡仲秋

2004 年 10 月

仲秋心潮起，月勾征夫愁。
无意恋篝火，心已入东州。

子贺生日

2004 年 11 月

风卷心头雾，天蓝北斗出。
月色忽然明，影单心不孤。

耕书牧志

2005 年 3 月

天蓝地苍苍，耕书牧志忙。
春播千粒籽，秋盈万间仓。

大上海

2005 年 4 月

小令览上海，红轿三丈三。
随员三五人，朱门设盛宴。

济民

2005 年 6 月

早有济民志，今拥一线天。
倾心筑历史，留在百姓间。

笔威

2005 年 6 月

笔削山峦秀，墨渡千帆竞。
挥笔激昂时，搅得山河动。

官与民

2005 年 7 月

自古民养官，官府因民建。
官若不为民，焉何民养官？

抒

2005 年 9 月

心蝶东飞常不归，也许情深恋泉水。
夜风吹过心更苦，频举残酒醉摇杯。

朋友赴昆明任职

2005 年 9 月

滇池日月季季春，春池绿水润新人。
塞上春秋匆匆过，旧友相忆年年新。

赠企业家

2005 年 9 月

胸纳百万兵，月下撩琴声。
今日小诸葛，南战又北征。

勉创业

2005 年 9 月

善心换人心，勤劳藏千金。
用奇避竞争，谦和胜暴君。

文武

2005 年 10 月

教化春风在，良心处处生。
若有恶人狂，铁鞭鞭鞭硬。

县令

2005 年 10 月

为官最好小县令，听朝听州听民声。
掌吏掌税掌刑警，政令朝出即日行。

陶乐黄河大桥合龙

2006 年 6 月

千年古渡飞桥，金途银路财道。
皓首青壮孩童，热泪掌声雀跃。

壶口瀑布

2006 年 6 月

六月沥雨游壶口，黄河三峡湍水骤。
垂瀑飞滚千吨浪，似锤破岩夺路走。

黄河

2006 年 8 月

万年滔滔黄河，流尽岁月蹉跎。
自古英雄必争，只因涛激水沃。

游子

2006 年 10 月

云移月蒙蒙，天边挂稀星。
台上有鼓乐，难断思乡情。

牵挂

2007 年 10 月

十五月正圆，夫君守边关。
深夜秋露凉，是否衣正单?

大峰矿

2008 年春

驱车访大峰，盘路连仙境。
山后采乌金，山前桃园城。

苏峪口

2008 年 5 月

登山吸春气，花木彬彬礼。
潺潺溪水边，松生龙爪椅。

元昊行宫遗址

2008 年 5 月

贺兰谷千仞，泉河唱古今。
略品万泉水，顿晓宫中人。

石嘴山

2008 年 7 月

贺兰御风寒，黄河滋城乡。
乌金万年奇，米仓千里香。

古水旱码头
——石嘴山

2008 年 7 月

丝路古渡驿站，古道驼铃千年。
一城东洋西域，商埠贾人车船。

井冈山

2008 年 9 月

云海翠山井冈，潭水杜鹃秋阳。
深谷修杉茂竹，曲径石阶黄洋。

塞上森林

2009 年 9 月

山阴古松密，林间泉水甜。
弯腰寻紫菇，轻脚落软毡。

重工重地
——石嘴山

2009 年 10 月

天赐塞上水城，国布内陆重工。
五湖四海大师，大国重器先锋。

春

2010 年 5 月

驱车向长安，山水桃花间。
顿觉心无际，春来景色鲜。

石嘴山风情

——避暑

2010 年 7 月

山城夏气爽，避暑小天堂。
南腔北调客，宛若回故乡。

石嘴山风情

——药王庙

2010 年 7 月

黄河水滔滔，河右药王庙。
配伍佑苍生，功德万年昭。

创意

2010 年秋

大鼓小鼓三千高，鼓钉金光射小桥。
游人移步鼓膛中，书香雅乐乐陶陶。

石嘴山风情

——武当庙

2010 年 9 月

武当佛前高烛，香客叩首心约。
心神五体虔诚，起身合掌拜托。

石嘴山风情

——玉皇阁

2010 年 9 月

古刹玉皇阁，御旨大匠作。
香火续千年，天地佑平罗。

挪威丝线瀑

2010 年 9 月

纺不尽的思君线，纱仓纺满千千间。
仓仓已满不见君，何时替侬把纱浣。

石嘴山风情

——星海湖

2010 年 10 月

晚霞湖水清，微风山影动。
天鹅划水乐，客船载歌声。

拜隆中

2011 年春

千里来古城，虔诚拜隆中。
重温三国史，再度叩孔明。

生日

2011 年 11 月

斑鬓镜中闪，忽觉光阴骤。
抬头望窗外，枫叶已传秋。

石嘴山风情

——野炊

2012 年春

山坳泉水甜，木柴烤羊香。
碰着大碗酒，不觉身跄跄。

资源

2012 年 8 月

资源有大限，天有红绿灯。
人类当精耕，留下子孙梦。

工业

2012 年 9 月

人类飞跃乘于工，善治工具民族盛。
材料工具两相益，工具为纲工方兴。

胡杨

2012 年 10 月

傲立大漠间，早寒只等闲。
岁岁红装出，风采三千年。

送父

2012 年 12 月

寒风送父归，泪水串串悲。
途中天地冷，为父频掩被。

蓄时光

2013 年秋

人生当济世，难得赴沙场。
日月不怜人，唯功蓄时光。

时间

2013 年 11 月

时间若白绢，无意为谁展。
一旦遇上你，色彩必斑斓。

台湾佛光山

2014 年秋

谒拜佛光山，殿雄主人谦。
香气醒心脾，木鱼净心田。

画笔

2015 年 5 月

香墨饱毫筑仙境，江山花鸟活丹青。
墨池洗瘦千千笔，画龙方能善点睛。

安

2016 年 3 月

人生风雨路，举步义利间。
秉持良心灯，脚下步步安。

人生

2016 年 5 月

万物交换生，春种秋收成。
先苦后乐律，不劳永是梦。

母校樱桃

2016 年 6 月

颗颗玛瑙红，粒粒心上甜。
不觉心又飞，重回桃李园。

家树

2016 年 10 月

一别三十年，今日已参天。
身影印沧桑，顺逆皆泰然。

异国晨光

2016 年 12 月

窗前一绿树，黄鹂摇枝舞。
暖阳已入室，床头耳边语。

异国风情

2016 年 12 月

红瓦点点密林中，幽径人稀门扉净。
时时松风阵阵香，合抱之木巢鸟声。

印尼华侨

2016 年 12 月

豪宅阔千尺，庭堂环金壁。
引客后花园，入座宴宾席。

大西洋海景

2016 年 12 月

小酌大洋边，几艘小渔船。
海味比酒浓，醉了彪形汉。

南洋

2016 年 12 月

南洋浮天舰，万里无需帆。
伴着日月行，载满大自然。

为昌将军抒怀

2017 年 5 月

将军解甲一身轻，花甲愈重故乡情。
村前柴垛已不见，捉迷伙伴已久等。

悟月

2017 年仲秋

古月亿年明，自然方长生。
人生半寸光，焉何累功名。

春

2018 年孟春

春风恋村东，细雨早有情。
雨勤梨花早，桃花争上轿。

良缘

2018 年 5 月

墅院宾朋齐，礼炮迎儿媳。
双双父母乐，新郎挽淑妻。

伴

2020 年 2 月

兰韵历历在，质朴胜粉黛。
牵手同风雨，苦甜皆为爱。

小院

2020 年春

来岁辞政坛，归隐小桃源。
自拥小天地，始做小神仙。

仙桃

2020 年夏

仙桃初黄即溢香，举手欲摘又思量。
老娘尚在千里外，请来快递驰故乡。

里程

2020 年 6 月

一九八〇，我走出村庄。

成为当年稀有大学生，开启了人生黄金里程。

师德师慧，激活了木讷的我，满心浪漫与憧憬。

一九八四，步入政界。

浑身是胆，东犁西耕。

风风雨雨，周游了一番乡县市省。

二〇一五，转身央企。

领十万精兵，与商者同行。

前行，前行，还是不改，那般淳朴的德行！

小院黄杏

2021 年 6 月

杏儿大又黄，串串像铃铛。

不便走远路，只能邻里享。

仲秋致友

2021 年仲秋

仲秋心倍柔，托月拜亲友。

人月焉相牵？心然小宇宙。

地球飞船

2022 年春节

地球大飞船，时速八十万。

与君同船游，行进宇宙间。

感怀

2021 年 11 月

花甲已逾三，解甲将归田。

三餐伴贤妻，伏案品经典。

宝

2020 年 12 月

手中经典香，身旁老妻贤。
终生享二宝，天天用心念。

兜兜

2023 年农历正月

儿媳入产院，婆妈泪洗面。
呆坐祈天地，母子都平安。

兜兜

2023 年农历正月

久候喜讯来，母子都平安。
爷爷开好酒，奶奶喜拌饭。

兜兜满月照

2023 年 2 月 25 日

爸妈共拥宝，幸福享不了。
兜兜在致意，爸妈你们好。

兜兜百天庆

2023 年 5 月 6 日

兜兜百天庆，喃喃答语声。
手舞足蹈笑，老少心相迎。

泊心

2023 年仲秋

仲秋万家月，围坐儿时桌。
熙熙攘攘人，游心此时泊。

人生四季

2023 年冬至

冬至春根萌，围炉话人生。
备足种与根，春风候村东。

兜兜周岁

2024 年 1 月

今天我一岁，礼物真好味。
哇哦这么多，小虎伴长岁。
注：小虎、长岁都是面食

燕子

2024 年春月

燕儿识福宅，盼你岁岁来。
衔泥垒新窝，乃晓家安泰。

柳笛

2024 年春

柳笛忆少年，牵牛犁肥田。
犁到柳树下，释牛小河边。

镜头

2024 年秋

垂柳拂荷塘，蜻蜓来闻香。
碧叶拥羞蕾，同池沐秋阳。

又仲秋

2024 年 9 月

杯杯月光稠，盏盏思乡酒。
多少天涯人，悲欢皆仲秋。

望星空

2024 年 9 月

宇宙悠悠知多久？星云滚滚永不休。
天地冷暖轮回施，不屑人间苦乐愁。

宇宙

2024 年秋

悠悠大宇宙，玄机人难究。
巨星焉悬旋？引力非神手？

新陈代谢

2024 年秋

宇宙孵生灵，生灵不长生。
新陈代谢律，生命迭代更。

上慧

2024 年秋

风云有序循八卦，万目皆系周易纲。
天地人事预则立，以易为镜识沧桑。

感恩相见

2024 年秋

花甲心海又涌潮，心池澎湃骤起涛。
彼此默默相知己，心灯不熄照到老。

国庆

2024 年 10 月

华夏万年青，社稷薪火明。
泱泱五千年，永享东方红。

大师

2024 年秋

秋风又挥笔，岁岁来写意。
山河留白处，意境任君思。

书香平罗（歌词）

2006 年 7 月

黄河长又长，流经才子乡。
兰山高又高，孕育读书郎。
晓得真善美，长大名声香。
十年寒窗苦，才能走四方。
天蓝地苍苍，耕书牧志忙。
春播千里籽，秋盈九州仓。

水乡平罗（歌词）

2006 年 8 月

黄河过塞不思往前走，千湖妩媚牵襟又拉手。
河哥哥你是否迷了路，湖妹妹也盼你留一留。
前面是古老的平罗城，那里有你黄河的影。
平罗情深义又重，听听人们夸咱声。
男赞河勋，女夸湖功。
因咱鱼米香，因咱百业兴。
河哥哥乐吆点点头，哥哥牵起妹妹的手。
保佑平罗，保佑丰收。

富饶平罗（歌词）

2006 年 10 月

黄土地黄河水，造就塞上美。
鱼米香牛羊肥，泉水湖泊草木翠。
枸杞红，葡萄肥，家家俏哥户户靓妹。

黄土地黄河水，造就塞上美。

水草绿，鸭荡波，白鹭击水追鱼乐。

田州塔，玉皇阁，文化根连天下客。

黄土地黄河水，造就塞上美。

金沙滩，银沙湖，芦丛乱真南国竹。

左渔翁，右船夫，焉何迷入江南路。

商埠平罗（歌词）

2006 年 10 月

平罗地，河套川，米仓千千。

黄河水，波浪宽，古渡联帆。

金羊毛，甜沙枣，广通四海。

红枸杞，紫葡萄，亮遍五洲。

秦驿站，汉码头，商脉远久。

东方客，西方友，车马川流。

商有道，民有情，人人安宁。

客舍香，灯火红，歌舞升平。

吴忠颂（歌词）

2007 年 5 月

塞上吴忠好风光，大河秀湖鱼米乡。

童叟练垂钓，河水悠悠淌。

湖边华都市，河边新农庄。

楼前葡萄绿，村前枣花香。

一片江南俊模样。

塞上吴忠好风尚，尚文修武好地方。

好爹娘，育儿郎，家家书墨香。

和民歌，声悠扬，书画争雅堂。

好施舍，人善良，邻里喜洋洋。

爱和平，尚礼让，人甜眉宇祥。

一片祥和好地方。

一片江南俊模样。

一片祥和好地方。

辛苦无价（歌词）

2010 年 6 月

看左邻，比右舍，都靠辛苦创家业。

今日辛苦明天乐，自古都是这条辙。

辛苦修来心灵美，心美要比黄金贵。

辛苦练来身体强，身强才能功名遂。

看左邻，比右舍，都靠辛苦创家业。

今日辛苦明天乐，自古都是这条辙。

辛苦积财又积德，财德双全人生贵。

辛苦持家家风好，家风传家大智慧。

看长远（歌词）

2011 年 5 月

人生路，路弯弯，

做事一定看长远，为了一时不合算。

小利让你终生悲，只图眼前到老贱。

人生路，路弯弯，

做事一定看长远，为了一时不合算。

着眼长远谋，慎选当下路。

人生路，路弯弯，

做事一定看长远，为了一时不合算。

舍得眼前利，就能走得远。

舍得眼前利，就能走得远。

人生要看平均值（歌词）

2011 年 7 月

同一个天，同一个地，有人笑，有人泣。

生命事业都会变，原因藏在几年前。

悲者莫极悲，喜者莫极欢，祸福终相依。

同一个天，同一个地，有人笑，有人泣。

未来还有多场戏，主角是自己。

悲者莫极悲，喜者莫极欢，祸福终相依。

人生是一条因果链，善待当下事，善待每一天。

好少年（歌词）

2015 年 9 月

爹娘，爹娘，孩儿不会忘，

天上太阳这么热，爹娘种田忙。

挣来汗水钱，供我进学堂。

少小不读书，大了无用场。

十年寒窗苦，才能走四方。

爹娘，爹娘，孩儿不会忘，

机器声音那么大，爹娘做工忙。

挣来汗水钱，供我进学堂。

晓得真善美，大了才吃香。

孩儿有志向，爹娘喜洋洋。

爹娘，爹娘，孩儿不会忘，

天上已是满天星，先生备课忙。

感恩先生心，我早起进学堂。

好好敬先生，书里有宝藏。

专心学本领，大了做栋梁。

爹娘，爹娘，孩儿不会忘。

您和先生的恩，永远记心上，

您和先生的恩，永远记心上！

正道（歌词）

2015 年 11 月

人生的路有千条，勤奋厚道是正道。

做事可靠靠勤奋，做人可靠靠厚道。
勤奋是财富的源，厚道是平安的宝。
莫把这根本丢掉了。

人生的路有千条，勤奋厚道是正道。
做事可靠靠勤奋，做人可靠靠厚道。
勤勤奋奋衣食足，厚厚道道名声好。
莫把自主的撑竿放弃了。

人生的路有千条，勤奋厚道是正道。
做事可靠靠勤奋，做人可靠靠厚道。
勤勤奋奋事业红，厚厚道道功德高。
莫把精力分散了。

人生的路有千条，勤奋厚道是正道！

良心（歌词）

2016 年 5 月

良心无价金不换，良心保佑你我平安。
苍天把我们聚到了一起，大地把我们连成了一圈。
我良心做工你良心种田，衣食住行人人都安全。
我良心经商你良心做官，与人为善管着长远。
良心无价金不换，良心保佑你我平安。
社会把我们聚到了一起，分工把我们连成了一圈。
良心做人活得简单，良心做事名利双全。
良心之人没有干戈，走南闯北天高地宽。

良心无价金不换，良心保佑你我平安。
生活使我们聚到了一起，缘分把我们连成了一圈。
你良心做女，我良心做男。
尽了本分，一生无憾。

良心无价金不换，良心保佑你我平安。

公园石刻

——平罗赋

2006 年 5 月

千年平罗，三才生焉。

东临黄河，西依贺兰。

秦之军塞，汉之重县。

北国米仓，塞上江南。

山雄水柔，天高地厚。

岳披岩画，地藏金斗。

湖泊星海，青木绿洲。

水土奇妙，物产多娇。

红杞褐枣，延寿神效。

千年贡米，食典之宝。

鱼肥羊鲜，滋味独妙。

五谷丰登，绿波金涛。

民族包容，文化互涵。

民勤风朴，尚德劝善。

农工仕商，容能聚贤。

文武辈出，郎台御前。

追古预来，脉深流远。

三才根固，平罗无限！

公园石刻

——北斗赋

2006 年 5 月

朔方七星，尊谓北斗。

天枢、天璇、天玑、天权，四天成魁。

玉衡、开阳、瑶光，三星助辉。

昭以天时，万物循之，

天时天则，不可悖也，

斗运天时，杓转运生。
东向皆春，天地一新，
南指皆夏，生机勃发，
西向皆秋，金银盈斗，
北指皆冬，蓄锐藏精，
周而复始，春夏秋冬，
事物公理，消长相生。
七星司职，天人合一，
瑶光生力，功必强体，
开阳启智，深谋远计，
玉衡增勇，知行相济，
天权仁爱，万物有情，
天玑心旷，精神无境，
天璇警人，贪婪必惩，
天枢拯失，悔过则生。
体智勇爱，三元则兴。
人异他物，心志唯重，
心力不衰，天蓝地青，
朝乾夕惕，君子之明。
北斗爱才，光耀群英，
璇玑斗魁，文曲之功，
天下之才，运开功成。
指极之光，以示天向，
天枢天璇，旅标分明，
心正行端，三世长生。
北斗之玄，宇宙之灵，
三才之道，尽裹其中，
北斗载道，奥妙无穷。
君子乾惕，仰慕七星！

公园石刻

2020 年 8 月

——河勋

天则均四方，龙王赐天水。
黄河生南国，稻香牛羊肥。

——湖功

芦丛乱真南国竹，白鹭击水追肥鱼。
轻舟迎送天下客，焉何迷入江南路。

60 年市庆

2020 年 9 月

岁月悠悠，六十春秋。
五湖四海，共筑高楼。
农工仕商，同台交响。
历史接力，丹青万章。
福水滔滔，宝山巍巍。
山水保佑，年年岁岁！

赋

——贺葡杞恋红酒

2021 年 5 月

宁夏天赐，人杰地灵。
贺兰山雄，黄河柔情。
天朗气爽，土厚水净。
枸杞遍野，葡萄万顷。
物华天宝，乃入药经。
葡杞混酿，药食同宗。
饮者知妙，颜春身轻。
恋恋不舍，野火春风。

感恩

2012 年 5 月

人生，没有孤立的生命！

哲理有点抽象，生活活生生。

父母，给了我们珍贵的生命；

亲人，给了我们无私的感情；

先生，给了我们知识和聪明；

组织，给了我们生存和技能；

同事，集体力量使我们成功。

工、农、兵，给了我们衣食和安宁；

科学家、思想家，人类的启明星；

公仆，让社会有序，维护着正义和公平！

宇宙，造化了太阳、地球及众星；

地球，孕育了人类及人类赖依的物种；

还有，还有……数不清。

人生，没有孤立的生命！

致谢

本书在整理、出版、修订、再版的过程中，先后得到了宁夏人民出版社、中共中央党校出版社、国家行政学院出版社、东方出版社、中华工商联合出版社的大力支持。其中在宁夏人民出版社出版了两次，在中共中央党校出版社出版了一次，在国家行政学院出版社出版了两次，在中华工商联合出版社出版了两次，在东方出版社出版了两次。

我的同事闫新民、杜文龙、杨祖海、马军、孙兆良、征珍等在历次出版过程中，做了大量的整理、打印、初校等工作，非常辛苦。

微信读书频道，从本书第三版即开始收录；多所省级图书馆、大学图书馆也收藏了本书。

对上述单位和为本书多次出版付出辛苦的同志，一并深深致谢！

张作理

2024 年 10 月